Tolle Experimente, Rätsel, Spiel und Spaß

Neues aus Technik und Umwelt

> **Hinweis:**
> Die in diesem Werk beschriebenen Experimente sind so ausgewählt, dass Kinder sie in der Regel selbstständig durchführen können. Autoren, Redaktion und Verlag weisen jedoch darauf hin, dass sie für eine mögliche unsachgemäße Durchführung und damit verbundene Folgen keine Haftung übernehmen. Die Entscheidung darüber, welche Experimente ihre Kinder selbstständig durchführen dürfen, können selbstverständlich nur die Eltern bzw. Erziehungsberechtigten treffen.

Idee und Konzept on: Hans Kreutzfeldt
Redaktion: Suse Kaupp, Astrid Dennerle, und Nina Kreutzfeldt
Wir danken Martina Arnold und Margrit Lenssen aus der Löwenzahn-Redaktion von ZDF tivi für die freundliche Unterstützung.
Autorenteam: Dr. Jochim Lichtenberger, Silke Lichtenberger, Felix Paturi, Birgit Hattemer, Beate Hohenecker, Jeannette Kaupp, Boris Schlepper und Remo Trerotola
Beratende Mitwirkung:
Dr. Erich Lüthje, Dr. Heinz Muckenfuß
Fotoredaktion: Max Oberdorfer, Alexander Habermehl
Zeichnungen:
Ralph G. Kretschmann, Olga Weber
Datenaufbereitung, Layout und Satz:
Petra Dorkenwald, Grafik-Design & Artwork, München; Karin Reichlmeier
Umschlaggestaltung:
Minkmar & Lencwenus, München
Reproduktion und Druckaufbereitung:
Fotolito Varesco, Auer (Südtirol)

© Terzio
Möllers und Bellinghausen Verlag GmbH, München 2002
(www.terzio.de)

© Kreutzfeldt Electronic Publishing GmbH & Co. KG, Hamburg 2002
(www.kreutzfeldt.de)

© ZDF / ZDF Enterprises GmbH 2002
licensed by Creschendo Media GmbH
Bavariafilmplatz 7
82031 Geiselgasteig

Produktion / Redaktion:
SoliMedia GmbH, Erfurt

Alle Rechte vorbehalten
Genehmigte Sonderausgabe für den Tandem Verlag
(www.tandem-verlag.de)

Nachdruck, Speicherung in digitalen, fotomechanischen, elektronischen oder optischen Speichermedien, auch auszugsweise, bedürfen der schriftlichen Genehmigung des Verlages.

Vorwort

LÖWENZAHN — noch mehr Tipps für neugierige Tüftelfans, Bastelmäuse und Leseratten

Liebe Kinder!

Wo bleibt eigentlich das Regenwasser, das auf die Erde fällt? Woraus wird Kunststoff gemacht? Wie kann man sich ohne Seife waschen? Wie kommt ein Fernsehbild durch das Kabel? Und warum fällt ein Satellit nicht runter?

Fragen über Fragen, die euch Peter Lustig, der immer neugierige Latzhosenträger, Woche für Woche in seiner ZDF tivi-Sendung LÖWENZAHN beantwortet.

Natürlich geht das nicht so einfach, da muss Peter Lustig schon mal knobeln, tüfteln, ausprobieren und experimentieren, um herauszubekommen, wie der Magnet funktioniert oder wie man die Kreide der alten Höhlenmaler selbst herstellt. Und wenn er es für euch herausgefunden hat, dann — ja dann habt ihr vielleicht gerade nicht hingeschaut oder nicht aufgepasst, wie Peters Experiment funktionierte?

Dafür gibt es jetzt dieses Buch. Da stehen sie alle drin, die Basteltipps, Tüfteleien und Spiele, die ihr ausprobieren und mitmachen könnt. Und falls ihr selbst welche dazuerfindet, ist das natürlich noch besser.

Wenn ihr zu Hause genug experimentiert habt, euch schon den selbstgemachten Fernseher gebaut, die Astgabel-Rassel ausprobiert und euren Freundinnen und Freunden die Fragen aus dem Wolken-Quiz gestellt habt, dann schaut mal in unsere Ausflugstipps. Vielleicht findet ihr eine Burg in eurer Nähe oder eine Höhle, die ihr erforschen wollt.

Viel Spaß mit *Neues aus Technik und Umwelt*

eure
LÖWENZAHN-Redaktion

Inhalt

Neues aus Technik und Umwelt

Luft und Himmel 6	Telefon, Radio, Fernsehen.. 24
Das Wolken-Quiz 8	Der Fernseher ohne Strom … 26
Höhlen 10	Uhren 28
Höhlenmalerei 12	Räder und Zahnräder 30
Bunte Kreide selbst gemacht 13	Sonnenuhren und andere Uhren 32
Felsen, Steine, Edelsteine 14	Zum Sehen brauchen wir Licht 34
Römische Mühle 16	Das Schattentheater 36
Figuren und Schmuck aus Speckstein 17	Wie kommt der Schall zum Ohr? 38
Magnetismus 18	Musikinstrumente 40
Magische Anziehungskräfte 20	Lärm und Lärmschutz 42
Elektrizität 22	Musikinstrumente selbst gebastelt 43

Von der Asche zur Seife 46	Ausflugstipps 60
Seife zerstört die Wasserhaut 47	Vom Grundwasser zum Wasserhahn 62
Händewaschen: Mit oder ohne Seife? 48	Der Wasserkreislauf 63
Vom Erdöl zur Kunststoffflasche 50	Lösungen und Bildquellen 64
Von der Tierhaut zum Schuh 51	
Peters Schuhquiz 52	
Tonhäuschen 54	
Vom Ton zum Mauerstein 55	
Häuser 56	
Wie ein Haus gebaut wird 57	
Burgen und Schlösser 58	

Luft und Himmel

Wolken sehen oft aus wie Watte. Aber sie sind nichts anderes als **Nebel.** Und Bodennebel ist wiederum nichts anderes als eine Wolke, die bis zum Erdboden herabreicht.

Je wärmer die Luft ist, desto mehr unsichtbaren **Wasserdampf** kann sie aufnehmen. Kühlt man sie aber ab, dann wird ein Teil dieses Wasserdampfs wieder zu flüssigem Wasser. Du kannst das beobachten, wenn dein Vater an einem heißen Sommertag ein Bier aus dem Kühlschrank trinkt. Kaum gießt er es ins Glas, da wird das Glas außen nass, als wäre es ganz und gar in feine Nebeltröpfchen eingehüllt. Das Glas „beschlägt". Das geschieht, weil die warme Luft sich am kalten Bierglas abkühlt und dann nicht mehr so viel unsichtbaren Wasserdampf in sich halten kann wie vorher.

Luft braucht aber kein Bierglas zum abkühlen. Warme Luft ist leichter als kalte, und deshalb steigt sie auf. In großer Höhe kühlt sie ab, denn je höher man kommt, desto kälter wird es. Die abgekühlte Warmluft kann nun ihren ganzen Wasserdampf nicht mehr halten. Er wird zu flüssigem Wasser. Die winzigen Wassertröpfchen bleiben erst einmal einfach in der Luft hängen, wo sie entstehen. Sie sind so klein und leicht, dass sie nicht herunterfallen. So bilden sich Nebelwolken.

Solche Wassertröpfchenwolken erkennst du daran, dass sie ganz deutliche Ränder haben.

Gelegentlich gibt es aber auch feine Federwölkchen mit völlig ausgefransten Rändern, die so aussehen, als gingen sie allmählich in den blauen Himmel über. Solche Wolken sind kein Nebel. Sie bestehen aus ganz feinen nadelförmigen Eiskristallen. Sie bilden sich, wenn aufsteigende Warmluft in sehr große Höhe gerät. Dort ist es so kalt, dass die Wassertröpfchen sofort zu Eis gefrieren.

Tief hängende **Wasserwolken** ziehen meistens in Höhen von einigen Hundert Metern bis zu etwa zweitausend Metern über unseren Köpfen dahin. Sie sind es, die die Berge einhüllen. Höhere Wasserwolken reichen im Sommer bis etwa sieben Kilometer hinauf. Sie stehen dann höher am Himmel als die höchsten Alpengipfel.

In noch größeren Höhen finden sich während des ganzen Jahres meistens nur **Eiswolken.** Fast alle halten sich bei etwa zehntausend Metern auf. Das ist die Reiseflughöhe von Langstreckenflugzeugen. Nur sehr wenige

Eiswolke

Eiswolken steigen noch höher hinauf und bringen es bis auf etwa 30 Kilometer.

Was ist **Luft** eigentlich? Man sieht sie nicht, aber man kann leicht beweisen, dass sie da ist. Luft kann nämlich gehörig drücken. Das siehst du z. B. beim Autoreifen. Der Luftdruck in ihm ist so groß, dass er sogar schwere Lastwagen tragen kann.

Unsere Erde ist von einer Lufthülle umgeben, von der **Atmosphäre.** Die Luft drückt auf die Erde, weil sie schwer ist, weil sie etwas wiegt. Sie ist sogar viel schwerer, als du denkst. Die Luft in einem nicht allzu großen Wohnzimmer wiegt nicht weniger als 100 Kilogramm.

Luft ist übrigens keine einheitliche Substanz wie zum Beispiel sauberes Wasser. Luft ist eine Mischung aus verschiedenen **Gasen.** Mehr als zwei Drittel sind **Stickstoff.** Das ist ein Gas ohne besonders interessante Eigenschaften. Stickstoff riecht nach nichts, schmeckt nach nichts, verbrennt nicht und nutzt Menschen und Tieren ebenso wenig wie er ihnen schadet. Fast der gesamte Rest der Luft besteht aus **Sauerstoff.** Das ist ein sehr wichtiges Gas. Ohne Sauerstoff könnten wir nicht leben. Wir nehmen ihn in uns auf, wenn wir atmen. Und ohne Sauerstoff könnte nichts auf der Welt verbrennen, kein Holz, keine Kohle, kein Heizöl.

Neben Stickstoff und Sauerstoff gibt es noch eine ganze Reihe anderer Gase in der Luft, aber sie alle kommen nur in verschwindend geringen Mengen vor.

Das Wolken-Quiz

Eine Frage — drei Antworten.
Welche ist wohl die richtige?

1. Frage
Was heißt „Wasser kondensiert"?

- **F** Flüssiges Wasser wird zu Wasserdampf.
- **W** Wasserdampf wird zu flüssigem Wasser.
- **K** Eis wird zu flüssigem Wasser.

2. Frage
Wie hoch können Gewitterwolken werden?

- **A** Über 50 Kilometer
- **U** Bis zu 2 Kilometern
- **O** Bis zu 10 Kilometern

3. Frage
Welche Wolken siehst du auf dem folgenden Bild?

- **L** Federwolken
- **M** Schichtwolken
- **H** Schäfchenwolken

4. Frage
Woraus bestehen eigentlich Wolken?

- **K** Aus Wassertröpfchen
- **R** Aus Wasserdampf
- **P** Aus Eis

5. Frage
Was für Wolken siehst du hier?

- **A** Schäfchenwolken
- **E** Gewitterwolken
- **D** Haufenwolken

6. Frage
Welche Farbe hat der Wasserdampf?

- **L** Weiß
- **S** Grau
- **N** Farblos

7. Frage
Aus welchen Wolken fallen Hagel und dicke Regentropfen?

- **C** Haufenwolken
- **K** Gewitterwolken
- **Z** Schichtwolken

8. Frage
Wie muss sich die Temperatur der Luft ändern, damit Wolken entstehen?

- (R) Sie muss sinken.
- (S) Sie muss steigen.
- (D) Sie ändert sich gar nicht.

9. Frage
Welche Wettervorhersage kann man machen, wenn am blauen Himmel Federwolken auftauchen?

- (A) Das Wetter wird schlechter.
- (U) Man kann keine Vorhersage machen.
- (B) Das Wetter bleibt so.

10. Frage
Welche Wolken kündigen schönes Wetter an?

- (L) Schichtwolken
- (T) Haufenwolken
- (V) Schäfchenwolken

11. Frage
Wie hoch können Eiswolken steigen?

- (Z) 30 Kilometer
- (P) 50 Kilometer
- (G) 10 Kilometer

12. Frage
Welche Wolken bilden sich, wenn aufsteigende Warmluft in sehr große Höhe gerät?

- (Q) Gewitterwolken
- (E) Federwolken
- (X) Schichtwolken

13. Frage
Welche Wolken siehst du auf dem nächsten Bild?

- (A) Schichtwolken
- (L) Schäfchenwolken
- (R) Haufenwolken

Die Buchstaben neben den richtigen Antworten ergeben zusammen das **Lösungswort**. Dahinter verbirgt sich etwas sehr Hohes.

Lösungswort:

Die Lösung findest du auf Seite 64.

9

Höhlen

Keine einzige Höhle der Welt ist durch einen unterirdischen Wasserlauf ausgewaschen worden, wie etwa ein Flusstal im Gebirge. Genau das aber wird oft behauptet. Wie sollte ein Bach oder ein Fluss unter die Erde kommen, bevor eine Höhle da war? Also muss die Höhle vor dem Wasserlauf entstanden sein.

Jeder weiß, dass sich Salz und Zucker vollkommen in Wasser auflösen können. Das geht auch mit **Kalkstein.** Nur löst sich der **Kalk** viel langsamer auf als Salz oder Zucker, und es löst sich auch viel weniger Kalk im Wasser auf.

Aber dass er sich auflöst, kannst du an jedem Wasserkocher sehen. Wenn man Leitungswasser kocht, dann verdampft immer ein wenig davon. Der Kalküberschuss, für den es jetzt nicht mehr genügend Wasser gibt, wird wieder zu Stein. Es entsteht eine dünne Schicht auf dem Topfboden und an den Seitenwänden. Die nennt man **Kesselstein.**

Wasser löst also Kalk auf. Leichter und besser geht das, wenn das Wasser zuvor etwas sauer gemacht wird. Humuserde ist sauer. Fällt Regen darauf und sickert hindurch, dann wird auch das Wasser sauer. Gibt es unter dem Boden festen Kalkstein, dann löst das saure Wasser ein bisschen Kalk auf.

Auf diese Weise entstehen im Laufe der Zeit schmale Furchen. Weil sich dort das meiste Wasser ansammelt, löst sich nun immer mehr Kalk. Schließlich entstehen tiefe, enge Spalten im Kalkstein. Reicht so eine Spalte schließlich bis zu einem anderen Gestein hinunter, das sich in Wasser kaum oder gar nicht auflöst, dann sammelt es sich dort, und der Spalt vergrößert sich hier zu den Seiten hin. So entstehen tief im Boden große, wassergefüllte Hohlräume.

In der Nähe von Berghängen kann es vorkommen, dass so eine Höhle so weit wächst, dass sie ins Freie durchbricht. Dann fließt das unterirdische Wasser als **Quelle** ab. Erst dann ist nicht mehr die ganze Höhle ständig mit Wasser gefüllt. Nun gibt es auch

große luftgefüllte Hohlräume unter der Erde. Erst jetzt kann die Höhle auch dadurch größer werden, dass fließendes Wasser sie auswäscht.

An der Höhlendecke sickert an vielen Stellen durch feine Spalten und Ritzen neues Regenwasser von der Erdoberfläche herein, und auch das hat wieder Kalk gelöst. In der Höhle verdunstet immer ein wenig von den Wassertröpfchen, die an der Decke hängen und auch von denen, die auf den Höhlenboden herabfallen. Wie beim Teekessel setzt sich dabei ein klein wenig Kesselstein ab. In Höhlen nennt man ihn allerdings **Sinter.**

Im Laufe von Jahrtausenden wird es immer mehr, bis schließlich lange Kalkzapfen von der Höhlendecke herabhängen und vom Höhlenboden Kalksäulen heraufragen. Das sind die **Tropfsteine.** Die von der Decke herabhängenden Zapfen heißen **Stalaktiten.** Die Säulen, die ihnen von unten entgegenwachsen, nennt man **Stalagmiten.**

In manchen Höhlen findet man noch heute gut erhaltene **Felsbilder,** deren Alter bis in die Steinzeit zurück reicht. Sie zeigen, in die Felswände geritzt und gemalt, Tiere wie Mammut, Wisent, Pferd und Hirsch.

Höhlenmalerei

Die ersten gemalten Bilder entstanden in der Zeit zwischen 30 000 und 10 000 vor Christus. Das war in der jüngeren Altsteinzeit. Damals lebte der Homo sapiens, der in Körperbau und Aussehen uns heutigen Menschen schon sehr ähnlich war. Die Bilder malten oder ritzten die Urmenschen an die Felswände ihrer Höhlen.

Die Farben, die sie dafür benutzten, stellten sie aus Mineralien und Steinen aus der Erde her: zum Beispiel aus gelber und roter Töpfererde, rotbraunem Eisenerz und grauschwarzer Kohle.

Natürlich gab es vor so viel Tausenden von Jahren noch keine richtigen Pinsel. Die Künstler trugen die Farbe entweder mit ihren Händen, mit einem Stück Tierfell oder mit einem Tierhaarpinsel auf die feuchte Felswand auf. Manchmal diente auch ein weich gekautes Stockende als Malwerkzeug. Oder man pustete das Farbpulver durch einen hohlen Knochen.

Die Höhlenmalereien zeigen meistens große Wildtiere wie Rentiere, Mammuts, Bären, Pferde oder Löwen. Menschen sind auf den Bildern kaum zu sehen.

Warum der Homo sapiens diese Tiere in seine Höhle gemalt hat, wird man nie richtig herausfinden können. Manche Forscher meinen, dass die Menschen damit einen Zauber heraufbeschwören wollten. Die Zeichnungen sollten also Glück für die Jagd oder Schutz vor Unglück bringen. Andere sagen, dass die Menschen einfach das gezeichnet haben, womit sie sich beschäftigten. Selbst nach so vielen Jahren können wir die abgebildeten Tiere leicht erkennen. Die Höhlenmaler haben nämlich die Bewegungen und das Verhalten der Tiere sehr gut und treffend gezeichnet.

Bunte Kreide selbst gemacht

Malst du gern mit bunter Kreide Bilder auf die Straße? Dann haben wir eine tolle Anleitung für dich. Kreide selbst herzustellen, ist nämlich ganz leicht!

Du brauchst:
Verschiedene Abtönfarben (*Dispersionsfarben* bekommst du im Baumarkt), Gips, leere Filmdosen (umsonst im Fotogeschäft), pro Farbe eine Schüssel, einen Holzmundspatel (aus der Apotheke) und einen Quirl (aus der Küche).

Und so geht's:
Wichtig ist das Mischverhältnis. Auf acht gefüllte Filmdosen Gips kommen zwei Filmdosen Farbe. Das Mischungsverhältnis ist also 8 : 2.

Wenn du zum Beispiel vier Stück Kreide in einer Farbe herstellen möchtest, schüttest du acht Filmdosen voll Gips in eine Schüssel. Jetzt kommen zwei Filmdosen voll Farbe dazu. Mit dem Quirl verrührst du die Mischung so lange, bis ein fester Teig entsteht.

Wenn der Brei zu zäh wird, gib ein paar Tropfen Wasser dazu. Mit dem Spatel füllst du nun deinen fertigen Brei in die vier Filmdosen.

Jetzt heißt es erstmal lange warten. Dein Kreidebrei muss nämlich mindestens 12 Stunden trocknen. Am besten lässt du ihn über Nacht stehen. Nach dem Trocknen müssen die Kreidestücke nur noch aus ihrer Filmdosenhülle befreit werden. Dazu schneidet ein Erwachsener die Seitenwand mit einer Kneifzange oder Schere etwas ein.

Nun kannst du die Kreidestücke herausnehmen. Das Malen auf der Straße kann beginnen!

Felsen, Steine, Edelsteine

Felsen und Steine sind dasselbe, nur sind die einen größer, die anderen kleiner. Gestein heißt das Material, aus dem sich Felsen aufbauen, also Kalk, Granit, Schiefer, Kreide oder Sandstein. Gesteine wiederum bestehen aus **Mineralien.** Das sind Substanzen, die **Kristalle** bilden, wie **Kochsalz,** Bergkristall oder **Diamant:**

Gipskristall

Rohdiamant

Bekannte Mineralien sind der **Kalk,** der mit ihm verwandte **Marmor,** der **Glimmer,** der **Quarz** und der **Gips:**

Sind Kristalle besonders schön und selten und deshalb kostbar, dann heißen sie **Edelsteine.** Es gibt aber viele Schmucksteine, die mindestens ebenso schön sind wie Rubine oder Smaragde. Nur weil sie nicht so selten sind, gelten sie als weniger wertvoll, und deshalb bezeichnet man sie als **Halbedelsteine.** Zu ihnen gehören der **Bergkristall,** der **Achat,** der **Granat** oder das **Tigerauge.**

Die gesteinsbildenden Mineralien geben oft den Gesteinen ihren Namen. Man spricht von Kalkstein, von Kreidefelsen, von Quarzgestein oder von Dolomitgebirgen.

Basalt

Aber nicht jeder Gesteinsname weist auf ein Mineral hin, aus dem das Gestein aufgebaut ist. **Granit** ist zwar ein Gestein, aber kein Mineral. Es ist eine Mischung aus mehreren Mineralien, deren Kristalle bunt durcheinandergewürfelt sind. Deshalb sieht auch jeder Granit anders aus. Es gibt fast weißen Granit, roten, bläulichen oder grünlichen, grauen und beinahe tiefschwarzen:

Granit

Wie entstehen Steine? Einmal können sie direkt aus der flüssigen Lava erstarren, die aus Vulkanen strömt. Geschieht die Abkühlung der Lava sehr rasch, dann hat die Gesteinsschmelze keine Zeit, Kristalle zu bilden. Sie erstarrt zu schwarzem Glas, dem **Obsidian.**

Ein anderes, weit verbreitetes vulkanisches Gestein ist der **Basalt.** Aus ihm macht man Quader für das **Kopfsteinpflaster** und den **Schotter** für Eisenbahndämme.

Nur manchmal erreicht die Gesteinsschmelze aus dem Erdinneren die Oberfläche eines Vulkans und fließt als Lava ab. Oft bleibt sie im Inneren des Berges stecken und erstarrt dort als Tiefengestein.

Die zweitwichtigste Gesteinsgruppe sind die **Sedimentgesteine.** Sie entstehen durch Ablagerung von feinem Material besonders in den Meeren:

Sedimentgestein

Alles, was ins Wasser fällt, sinkt auf den Grund. Jahr für Jahr sind das viele Millionen Tonnen Staub aus der Luft. Aber noch viel größer ist die Menge dessen, was aus dem Meer nach unten sinkt: Schalen toter Muscheln und gestorbene Meerestiere. Manche Organismen bauen am Meeresgrund selbst Berge auf, z. B. die **Korallen.**

Im Laufe der Jahrtausende werden die gewaltigen Materialmengen so hoch, dass sie unter dem eigenen Gewicht zusammengepresst und zu Gestein verfestigt werden.

Römische Mühle

Kaum zu glauben, aber dieses Spiel stammt wirklich von den alten Römern! Schon damals spielte man in der Freizeit verschiedene Brett- und Würfelspiele. Bei Ausgrabungen wurden sogar ganz alte Spielbretter und römische Spielsteine von damals gefunden. Besonders beliebt war die Rundmühle, die fast überall gespielt werden konnte.

Das **Spielbrett** kannst du dir ganz leicht selbst herstellen: Male das nachfolgende Spielfeld auf Papier, in den Sand oder mit Kreide auf den Boden.

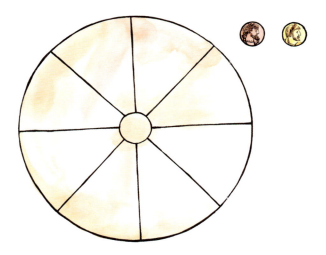

Dann wird ausgelost, welcher Spieler beginnt.

Die Spielregeln:
Sie ähneln dem heutigen Mühlespiel. Römische Mühle spielt man zu zweit. Jeder Spieler hat drei Spielsteine der gleichen Farbe. Spielsteine können beispielsweise Geldstücke oder Kieselsteine sein. Setzt eure Steine abwechselnd auf das Spielbrett, bis alle drei Steine auf dem Spielfeld sind.

Nun zieht ihr abwechselnd einen Stein entlang der Linien, immer bis zum nächsten freien Schnittpunkt auf dem Außen- oder Innenring. Überspringen geht nicht.

Ziel des Spiels ist es, eine **Mühle** zu bilden, also seine drei Steine in eine Reihe zu bekommen. Dafür ist es wichtig, dass du so oft wie möglich die Mitte besetzt. Denke aber nicht, dass das schon den Sieg bedeutet. Wo möglich musst du dort auch wieder weg. Erst wenn du deine drei Steine in eine Reihe gebracht hast, hast du gewonnen.
Viel Spaß!

Tipp:
Wenn du ganz alte, römische Mühlebretter sehen möchtest, kannst du dies in **Kalkriese** tun. Hier wurden römische Spielsteine und -bretter ausgegraben!

Mehr Infos unter:
Tel. 054 68 / 920 40
www.museumundparkkalkriese.de

Auch im **Westfälischen Römermuseum Haltern** kannst du mehr über römische Spiele erfahren.

Mehr Infos unter:
Tel. 023 64 / 937 60
www.lwl.org/LWL/Kultur/Museumstour

Figuren und Schmuck aus Speckstein

Was ist Speckstein?
Speckstein ist ein Mineral. Dieses Mineral gibt es in den verschiedensten Farben, z.B. weiß, gelb, grün, grau und rot. Da Speckstein sehr weich ist, kann man ihn sehr gut schneiden, schnitzen und feilen. Speckstein wird auch Seifenstein (weil er sich fast wie Seife anfühlt) oder *Steatit* genannt. Du kannst ihn in allen Erdteilen finden!

Speckstein kaufen:
Speckstein bekommst du in den meisten Hobby- und Bastelläden.

Zusätzlich brauchst du:
Wasserfestes Schleifpapier (grob und fein, z.B. 60er und 200er), Schleifschwämme, ein altes Handtuch, Holzraspel, Metallfeilen (grobe und feine), eine Schale mit Wasser, etwas Pflanzen- oder Specksteinöl.

Und so wird's gemacht:
Überlege dir, was du herstellen möchtest. Danach bitte einen Erwachsenen, deinen Steinbrocken in ein passendes Stück zu zerkleinern.

Mit den Raspeln und Feilen kannst du den Stein bearbeiten. Du kannst z.B. Rundungen formen, Löcher bohren oder Teile herausfeilen.

Tipp: Wenn es dir zu staubig wird, benutze eine Atemschutzmaske!

Mit nassem Schleifpapier glättest du die Oberfläche deines Steins. Benutze zuerst das grobe und zum Schluss das ganz feine Schleifpapier. Wasche zwischendurch deinen Stein mit kaltem Wasser ab.

Wenn dein Stein fertig ist, reibe ihn mit Öl ein. Spürst du, wie schön er sich anfühlt? Jetzt muss er nur noch trocknen.

Magnetismus

Mit Magneten kannst du viel herausfinden und experimentieren. Welche Sachen zieht ein Magnet an? Probiere aus: Papierstücke, Bleistifte, Plastiklineal, Nägel, verschiedene Geldstücke, Büroklammern ...

Die Stellen, an denen der **Magnet** am stärksten ist, heißen **Magnetpole.** Untersuche mit kleinen Nägeln oder Büroklammern, wo dein Magnet seine Pole hat. An den Polen kannst du mehrere kleine Nägel untereinander hängen. Wie viele kann dein Magnet halten?

Drücke zwei Magnete mit ihren Polen zusammen. Jeweils zwei davon wollen zueinander. Drehe nun einen Magneten um. Dann hast du das Gefühl, es ist etwas Unsichtbares zwischen ihnen. Die Pole weichen sich gegenseitig aus.

Selber Magnete herstellen: Streiche eine Nähnadel an dem Pol eines Magneten entlang, ein paar Mal in die gleiche Richtung. Danach ist sie selbst magnetisch.

Selber einen **Kompass** bauen:

Stecke eine magnetisch gemachte Nähnadel durch einen Flaschendeckel oder eine Korkscheibe. Setze sie in einen Teller mit Wasser. Stupse die Nadel an. Sie wird sich immer wieder in die gleiche Richtung stellen: Ein Pol zeigt nach Süden (das ist da, wo mittags die Sonne steht). Das ist der **Südpol.** Der andere ist der **Nordpol.** Zur Unterscheidung kannst du den N**o**rdpol mit Folienstift r**o**t anmalen, den S**ü**dpol gr**ü**n. Du kannst auch eine *Windrose* auf den Deckel kleben. Das N auf der Windrose muss in Richtung des Nordpols der Nähnadel zeigen.

Der Kompass als Polprüfer: Setze zwei Schwimmkompasse in deinen Teller. Was geschieht, wenn du zwei Nordpole zusammenbringst und dann loslässt?

Magnete haben ihren Namen von der Stadt Magnesia in der Türkei. Dort haben die Menschen schon vor 3 000 Jahren magnetische Steine **(Magnetit)** gefunden. Über die geheimnisvolle Kraft der Magneten gibt es viele Sagen. In einer Geschichte wird erzählt, dass es im Indischen Ozean einen magnetischen Berg gibt, an dem alle Schiffe zerschellen, weil er die Eisennägel in den Schiffen anzieht. Den Berg hat man allerdings bis heute nicht gefunden.

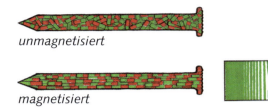
unmagnetisiert

magnetisiert

Südpol des Magneten. Das Feld zieht die ungleichen Pole zusammen. Magnete ziehen Sachen aus den Metallen Eisen, Kobalt und Nickel an.

Die Erde ist ein riesiger Magnet. Die Magnetpole der Erde liegen in der Nähe des Nordpols und des Südpols. Ein Kompass dreht sich im Magnetfeld der Erde immer so, dass seine Spitzen auf die magnetischen Pole zeigen. **Brieftauben** können das Erdmagnetfeld fühlen. Sie wissen deshalb immer, in welche Richtung sie fliegen müssen.

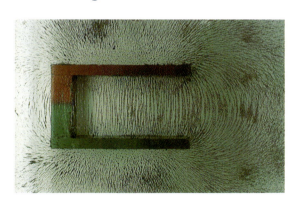

Jeder Magnet hat um sich ein **Magnetfeld.** Man sieht es erst, wenn man winzige Eisenstücke (Eisenfeilspäne) darüber bringt. An den **Polen** ist das Feld am stärksten. Jeder Magnet hat einen Nord- und einen Südpol. Das Feld ist wie eine unsichtbare Spiralfeder. Gleiche Pole drückt es auseinander, ungleiche zieht es zusammen.

Ein Nagel wird vom Magneten angezogen. Er wird nie abgestoßen. Der Nagel wird nämlich selbst magnetisch, wenn er in das Feld des Magneten kommt. Sein Nordpol zeigt auf den

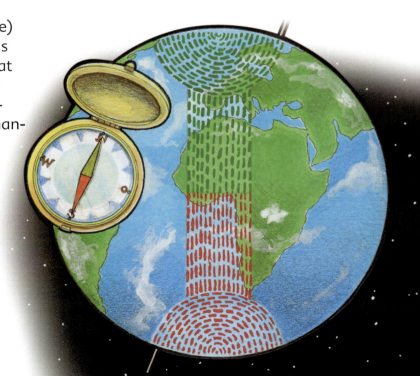

Magische Anziehungskräfte

Unzertrennliche Enten
Genauso unzertrennlich wie lebende Entenpaare sind die beiden Papierenten, die du nach folgender Anleitung bauen kannst. Wieso? — Ein magisches Geheimnis?

Du brauchst:
2 Blatt Papier, 1 Flaschenkorken, 1 Magnet (z.B. Magnetschließer für Schranktüren vom Baumarkt), 2 kleine Nägel, 1 Schere, 1 Teller und Klebstoff.

Zeichne die abgebildeten Entenhälften jeweils zweimal, denn es sollen ja zwei Enten werden. Du kannst sie auch durchpausen. Die Enten sehen natürlich schöner aus, wenn du sie bunt bemalst.

Dann magnetisierst du die Nägel. Dazu streichst du ein paarmal mit dem Magneten vom Nagelkopf zur -spitze. **Wichtig**: Streiche immer in eine Richtung!

Prüfe, ob die Nägel magnetisiert sind: Sie hängen dann aneinander. Klebe jetzt jeweils einen Nagel auf eine Entenhälfte zwischen Schnabel und Schwanz, den Nagelkopf nach hinten. Dann klebst du die passende zweite Hälfte darauf.

Nun lässt du dir von einem Erwachsenen zwei Scheiben vom Flaschenkorken abschneiden. Knicke die Entenfüße um und klebe sie auf die Korkscheiben.

Setze beide Enten in einen mit Wasser gefüllten Teller. Was geschieht? Die Enten suchen einander. Sie mögen sich nur an einem Ende, am anderen stoßen sie sich gegenseitig ab!

Peters Elektromagnet
Jetzt bauen wir uns einen Magneten, den man ein- und ausschalten kann:

Du brauchst:
1 Nagel,
isolierten Kupferdraht (1-2 m),
eine 4,5 Volt Batterie,
Büroklammern oder kleine Nägel.

Wickle den Kupferdraht etwa 50-mal um den Nagel (siehe Abbildung). Dann kratzt du an beiden Drahtenden den isolierenden Lack ab. Ein Ende wickelst du um einen der Batteriepole — das sind die blanken Metallstreifen oben auf der Batterie. Das andere hältst du nur lose gegen den zweiten Pol.

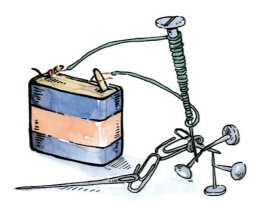

Du brauchst:
1 kleinen Karton
etwas Bindfaden
1 Büroklammer
1 Magneten (EURO-Stück groß)
Tesafilm

Pause die Gitarre ab und schneide sie aus. Nun klebst du ein Ende des Bindfadens an ihrem Bauch fest. Stecke die Büroklammer an den Hals der Gitarre. In die Unterseite des Kartons schneidest du ein Fenster. Klappe es nach oben auf. Die Klappe dient als Blende, hinter der du den Magneten versteckst.

Nun geht's los:
Alles aus Eisen wird angezogen, aber nur solange, wie auch der zweite Pol angeschlossen ist und der Strom fließt. Hängt unser Elektromagnet am Seil eines Krans, so kann man Eisenteile festhalten, hochziehen und wieder loslassen. Eine praktische Sache.

Magische Anziehung
Peters ewig verstimmte kleine Gitarre, Klaus-Dieter, tanzt in einer Zauberbox — von magischen Kräften angezogen?

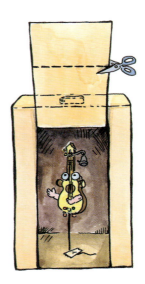

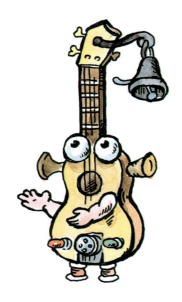

Führe nun die Gitarre in den Karton. Bringe sie so weit nach oben, bis der Magnet die Büroklammer anzieht. Für die abgemessene Höhe klebst du den Bindfaden unten im Karton fest. Schneide ihn erst ab, wenn deine Abmessung tatsächlich richtig ist. Wenn du nun den Magneten auf der Box bewegst, *tanzt* Klaus-Dieter nach deiner Pfeife! Natürlich kannst du noch alles anmalen.

Elektrizität

Elektrizität ist unsichtbar; trotzdem begegnet sie dir überall im Leben. Du brauchst sie, um deine Lego-Eisenbahn fahren zu lassen oder deine Taschenlampe zum Leuchten zu bringen. Aber auch die modernsten ICE-Züge brauchen sie. Und in eurem Haus würde ohne Elektrizität nichts laufen: kein Kühlschrank, kein Fernseher, kein Staubsauger. Und nachts würdest du im Dunkeln sitzen.

Um zu verstehen, was es mit der Elektrizität auf sich hat, brauchst du erstmal eine Batterie, am besten eine Flachbatterie mit zwei Blechstreifen. Diese Blechstreifen heißen Pole. Dann brauchst du zwei Stücke Draht und eine kleine Glühbirne mit Fassung, wie man sie für Taschenlampen oder die Fahrradbeleuchtung verwendet. Verbinde die Teile so wie hier.

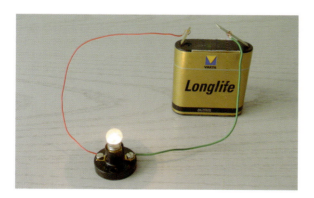

Warum die Glühbirne leuchtet, kannst du dir so vorstellen:
Wenn sie leuchtet, fließt etwas vom Pol der Batterie durch den Draht zur Glühbirne, durch sie hindurch und durch den zweiten Draht zurück zur Batterie. Was im Kreis herum fließt, ist Elektrizität.

In der Schaltung aus Batterie, Drähten und Glühbirne sorgt die **Batterie** dafür, dass die Elektrizität immer im Kreis fließt. Die Batterie sorgt also für das Fließen der Elektrizität wie eine Pumpe in einem Wasserkreislauf. Die Batterie hat zwei **Pole:** den **Minuspol,** aus dem die Elektrizität rauskommt, und den **Pluspol,** durch den sie wieder in die Batterie reinfließt.

Wenn die Elektrizität irgendwo durchfließt, sagt man auch: Es fließt ein **elektrischer Strom.**

Wenn der **Stromkreis** unterbrochen wird, kann die Elektrizität nicht mehr fließen. Die Lampe geht aus. Es ist egal, an welcher Stelle man den Stromkreis unterbricht.

Verschiedene Stromquellen

Die Elektrizität transportiert Energie von der Batterie zur Lampe. Die Batterie ist eine **elektrische Energiequelle.** Andere elektrische Energiequellen sind: der **Fahrraddynamo,** der **Eisenbahntrafo,** die Steckdose. Die **Spannung** gibt an, wie stark die Energiequelle ist.

Rechts unten siehst du eine Kettensäge. Auch die Glieder der Kette bewegen sich immer im Kreis wie die Elektrizität im Stromkreis. Aber die Energie geht vom Motor zum Baum. Sie wird von den Kettengliedern transportiert. So kann man sich vorstellen, wie die Elektrizität die Energie von der Batterie zur Lampe transportiert.

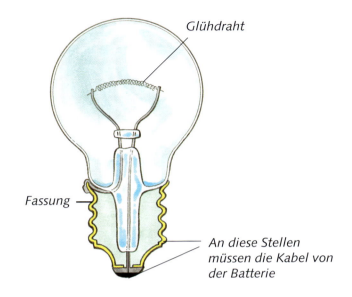

Glühdraht

Fassung

An diese Stellen müssen die Kabel von der Batterie

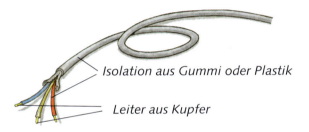

Isolation aus Gummi oder Plastik

Leiter aus Kupfer

Die Elektrizität kann nicht durch alle Stoffe gleich gut fließen.

Durch alle Sachen aus Metall kann sie gut fließen. Sie heißen **elektrische Leiter,** weil sie einen guten Weg, eine gute Leitung für die Elektrizität bilden. Durch Plastik, Gummi, Papier oder Holz kommt die Elektrizität nicht. Das sind **Nichtleiter** oder **Isolatoren.**

Schau mal in die **Glühbirne** hinein. Siehst du den dünnen Draht? Durch den muss sich die Elektrizität drängeln, wenn die Batterie sie durch den Stromkreis pumpt. Weil dieser Draht die engste Stelle des Stromkreises ist, wird der Draht heiß. So heiß, dass er zu glühen beginnt.

Auch im **Toaster,** im **Heizlüfter** und im **Bügeleisen** sind dünne Drähte. Sie werden durch den elektrischen Strom zum Glühen gebracht.

Telefon, Radio und Fernsehen

Im Telefonhörer sitzt eine Sprechkapsel, auch **Mikrofon** genannt. Sie hat die Aufgabe, Schallschwingungen in elektrische Schwingungen umzuwandeln. Die Sprechkapsel ist mit Kohlekörnern gefüllt. Spricht man gegen den Deckel, gerät dieser in schnelle Schwingungen. Wenn er sich nach innen biegt, drückt er die Kohlekörner ein wenig fester zusammen. Durch zusammengedrückte Kohlekörner kann der Strom viel besser fliessen als durch lockere. Die Stromstärke im Stromkreis nimmt also im Rhythmus der Schallschwingungen zu und ab. Dies überträgt die Hörmuschel wieder in Schallschwingungen. Die Hörmuschel funktioniert wie ein Lautsprecher. So wird der Schall mit elektrischen Strömen vom Sprecher zum Hörer übertragen.

Beim Wählen der Telefonnummer werden die Zahlen in elektrische Stromstöße umgewandelt. Ein Computer, der diese Stromstöße empfängt, schaltet dann die richtigen Leitungen zusammen, so dass du bestimmen kannst, mit wem du sprechen möchtest.

Auch im **Radiosender** spricht der Sprecher in ein Mikrofon. Die Stromstärkeschwankungen werden aber nicht wie beim Telefon durch ein Kabel übertragen, sondern vom Sender als Radiosignale ausgesendet. Radiosignale werden von winzigen Teilchen transportiert, den **Photonen.** Die Photonen werden dauernd in großer Anzahl vom Radiosender ausgesendet und fliegen mit Lichtgeschwindigkeit in alle Richtungen. Der Photonenstrom wird auch *Radiowelle* genannt.

Im Radio wird die Botschaft der Photonen wieder in Schallschwingungen umgewandelt. So hören wir die Stimme des Radiosprechers zu Hause aus dem Lautsprecher des Radios.

Auch die Bilder, die ihr im **Fernseher** seht, werden mit Hilfe elektrischer Signale übertragen.

Sieh dir das Fernsehbild mit einer Lupe an: Es besteht aus hunderttausenden winziger Punkte. Jeder dieser Punkte ist entweder dunkel oder leuchtet in einer der Farben Rot,

Grün oder Blau. Ohne Lupe kannst du die einzelnen Punkte nicht sehen, weil sie so winzig sind.

Schon in der **Fernsehkamera** wird das Bild in winzige Punkte zerlegt. Die Fernsehkamera hat Linsen wie ein Fotoapparat. Dadurch entsteht ein verkleinertes Bild der gefilmten Dinge. Aber anders als beim Fotoapparat kommt das Bild nicht auf einen Film, sondern auf eine Schicht aus hunderttausenden winziger elektronischer **Sensoren.** Jeder Sensor misst, wie viel rotes, grünes oder blaues Licht auf ihn fällt. Mit Hilfe elektrischer Ströme wird das Signal jedes Sensors an den Sender weitergegeben. Von dort aus kann es auf drei Wegen zum Fernsehgerät gelangen: Entweder über ein Kabel, das ist dann **Kabelfernsehen.** Oder es wird auf Photonen gepackt, die vom Sender in alle Richtungen ausgestrahlt werden.

Genau wie Licht können die Fernsehphotonen nur auf geradem Weg vom Sender zum Empfänger fliegen. Sind zwischen eurem Haus und dem Fernsehsender Berge, dann braucht ihr eine **Satellitenantenne.** Dann fliegen die Photonen nämlich auf geradem Weg zu einem **Fernsehsatelliten,** der in vielen Tausend Kilometern Höhe über Afrika am Himmel steht. Von dort kommen sie dann auf geradem Weg zu euch nach Hause.

In der Bildröhre des Fernsehapparates wird die Information der Photonen wieder in farbige Punkte übertragen.

Bewegte Bilder werden im Fernseher erzeugt wie beim Daumenkino: Pro Sekunde erscheinen mehr als 20 stehende Bilder auf dem Bildschirm, die sich von Bild zu Bild nur wenig unterscheiden. In unseren Augen entsteht der Eindruck eines bewegten Bildes.

Der Fernseher ohne Strom

Du brauchst:
Für das Gehäuse:
Umzugskarton, Alufolie, Farben.
Für die Filmrollen-Halterung:
2 Filmdosen (ohne Deckel),
2 Rundstäbe (1 cm x 60 cm)
Für den Vorhang:
Stoff, 2 Holzstücke (8 cm x 2,5 cm x 1 cm), selbstklebendes Klettband,
1 Rundstab (0,6 cm x 70 cm);
Sonst noch:
Handbohrer, Schere, Küchenmesser, Klebstoff, Papier DIN A 4, Holzleim.

Und so wird's gemacht:

1. Schneide aus dem Umzugskarton eine Öffnung, die ungefähr so groß wie ein Blatt Papier (DIN A 4) ist. Daraus führst du später deinen Film vor.

2. Nun klebst du die Filmdosen in die rechte und linke Ecke des Innenraums. Schneide dann mit der Schere einen 1 cm breiten Schlitz in die rechte und linke Seite der vorderen Deckelöffnung. Achte darauf, dass die Filmdosen mit deinen Schlitzen auf einer Höhe sind. Sie dienen dir später als Halterung für deine Filmrolle.

3. Damit dein Fernseher von außen nicht so langweilig aussieht, male ihn doch bunt an oder beklebe ihn mit Alufolie.

4. Weiter geht's mit dem Vorhang: Dazu nimmst du die beiden Holzstücke und markierst vom Rand ausgehend nach 1 cm ein Kreuz. Bohre jetzt in diese Kreuze jeweils ein Loch und beklebe die Holzstücke mit dem selbstklebenden Klettband, so wie du es im Bild siehst.

5. Das Klettband klebst du in entsprechender Länge auf die Seiten des Fernsehgehäuses und klebst die Holzstücke daran fest. An diesen wird später deine Vorhangstange befestigt.

Schreibe z.B. auf das erste Blatt den Titel deines Films und auf das letzte Blatt „Ende".

6. Teile den Stoff so, dass zwei Vorhänge entstehen. Damit sie durch den Rundstab gefädelt werden können, schneide Löcher in den oberen Rand. Jetzt musst du nur noch den Rundstab mit dem Vorhang durch die Halterung am Fernsehgehäuse führen — und schon hängt dein Vorhang.

8. Damit dein Film durch die Bildöffnung im Karton gut zu sehen ist, musst du den Abstand vom Kartonboden zum unteren Rand des Bildausschnitts messen.
Klebe nun Anfang und Ende des Films auf entsprechender Höhe an den Rundstäben fest.

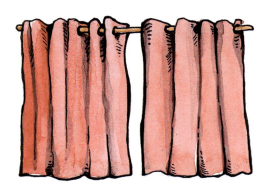

9. Fast fertig! Lege jetzt nur noch den Film in die Halterung ein — und die Vorführung kann beginnen.

7. Was jetzt noch fehlt, ist der Film. Überlege dir einfach eine kleine Geschichte und male sie auf möglichst viele DIN-A4-Blätter. Die einzelnen Blätter klebst du mit durchsichtigem Klebeband aneinander. An den Anfang und das Ende deiner Geschichte klebst du jeweils ein leeres DIN-A4-Blatt.

Uhren

Die älteste Uhr ist die **Sonnenuhr.** Die gab es schon vor fünftausend Jahren. Man braucht nur einen langen Stab senkrecht in den Boden zu stecken und dort, wo sein Schatten hinfällt, bei Sonnenaufgang, genau mittags und bei Sonnenuntergang einen Strich auf die Erde zu malen. Macht man das im Frühjahr oder Herbst, wenn die Tage und die Nächte gleich lang sind, dann hat man Striche für 6 Uhr morgens, 12 Uhr mittags und 6 Uhr abends. Die Striche für die anderen Stunden malt man dann dazwischen. Sonnenuhren funktionieren auch an Hauswänden mit einem schrägen Schattenwerferstab.

Sonnenuhr

Vor viertausend Jahren erfanden die Ägypter die **Wasseruhr:** Das war so etwas wie ein großer Blumentopf aus Ton mit einem winzigen Loch im Boden. Der wurde mit Wasser gefüllt, und durch das Loch tropfte das Wasser wieder heraus. Der Wasserstand im Topf sank langsam, und Striche an der Topfwand zeigten an, wie viele Stunden vergangen waren.

Eine andere Auslaufuhr ist die **Sanduhr.** Hier braucht man nichts nachzufüllen. Sie wird einfach nach einem Durchlauf umgedreht.

Sanduhr

Das war aber noch immer ziemlich lästig. Besser waren da die **Räderuhren,** die etwa 1290 erfunden wurden. Die hatten viele Zahnräder. Um eine dicke Walze war eine Schnur gewickelt, an deren Ende ein Gewicht hing. Das Gewicht trieb damit die Walze an und die wiederum die Zahnräder. Ein besonderes Hemmwerk wippte in dieser Räderuhr wie eine Balkenwippe auf und ab und bremste die Räder so, dass sie nur langsam und mit derselben Geschwindigkeit weiter liefen. An der Achse eines besonders langsamen Zahnrads wurde ein Zeiger angebracht. Der zeigte auf einem Zifferblatt die Stunden an.

Alte Turmuhr

Pendeluhren gingen noch genauer. Bei ihnen war das Hemmwerk durch ein hin und her schwingendes Pendel ersetzt. Pendeluhren gibt es noch heute, vor allem als Standuhren.

Pendeluhr

1410 hatte ein italienischer Uhrmacher eine tolle Idee: die aufziehbare Spiralfeder. Mit ihr wurde das Antriebsgewicht überflüssig. Jetzt ließen sich Uhren bauen, die man bei sich tragen konnte. Hundert Jahre später gelang es dem Nürnberger Uhrmacher *Peter Henlein*, Uhren so klein zu machen, dass sie in die Hosentasche passten.

Französischer Reisewecker aus dem 19. Jh.

Elektrische Uhren gab es auch schon vor über hundert Jahren. Sie benutzten zum regelmäßigen Anstoßen des Pendels einen kleinen Magneten, der sich durch elektrischen Strom immer ein- und ausschalten ließ.

1929 erfand ein Amerikaner ein völlig neues Uhrwerk. In ihm war ein winziger Quarzkristall. Elektrischer Strom lässt ihn so schnell vibrieren, dass man das gar nicht sehen kann. Genau 32 768 mal in jeder Sekunde schwingt so ein Quarz. Eine raffinierte elektrische Schaltung zählte nun die Schwingungen und bewegte ein Uhrwerk. Mit dieser **Quarzuhr** wurde die Zeitmessung genauer als je zuvor.

Quarzuhr

Räder und Zahnräder

Fast alle technischen Erfindungen des Menschen haben ein Vorbild in der Natur. Eine nicht: das **Rad.**

Räder in alten Höhlenbildern

Das älteste uns heute bekannte Rad ist übrigens nicht das Karrenrad, sondern die **Töpferscheibe.** Später tauchten die Wagenräder auf. Damals waren das nur Holzscheiben mit einem Loch in der Mitte, mit dem sie auf eine Achse gesteckt wurden.

Wenn es keine großen Bäume gab, musste man diese Räder aus zwei, drei Teilen herstellen. Diese wurden rund zugeschnitten und mit Klammern zusammengehalten. Pflöcke durch die Achsen-Enden hielten die Räder an ihrem Platz. Erst um 2000 vor Christus kamen leichtere Speichenräder in Gebrauch.

Eine weitere Erfindung verbesserte das Fahrzeugrad dann etwa 100 Jahre vor Christus: Die Kelten setzten in die **Radnabe,** also das mittlere Stück des Rades, das sich um die Achse dreht, **Radlager** ein. Damit liefen die Räder leichter.

Fast 2000 Jahre vergingen, bis um 1800 ein englischer Tüftler das Rad noch einmal entscheidend verbesserte: Er erfand die Radspeichen, wie wir sie beim Fahrrad kennen.

Heute spielt das Rad als Mittel der Fortbewegung eine überragende Rolle: Autos und die Eisenbahn wären ohne Räder völlig undenkbar.

Doch es gibt nicht nur Räder für Fahrzeuge. Schon im 4. Jahrhundert vor Christus erfanden die Ägypter und Griechen die **Zahnräder.** Sie waren eine wichtige Neuerung für die Wasserschöpfanlagen der Zeit. Wasser für die Felderbewässerung und auch für Trinkwasserleitungen beförderte man nach der neuen Erfindung mit **Göpelwerken** aus Tiefbrunnen. Ein Ochse oder Esel lief im Kreis herum. Er war mit einer Stange verbunden, die die Drehbewegung in der Mitte des Kreises über Zahnräder auf eine waagrecht gelagerte Trommel übertrug. Auf ihr wickelte sich eine lange Kette auf oder ab. An dieser hing ein großer Wasserbehälter, der so in den Brunnen abgelassen und wieder heraufgeholt werden konnte.

Schon hundert Jahre nach der Erfindung der Kraftübertragung mit Zahnrädern fand ein griechischer Mechaniker heraus, dass sich Zahnräder auch als Kraftverstärker eignen: Treibt man mit einem kleinen Löwenzahnrad ein größeres an, dann läuft das zwar langsamer, dafür aber mit viel größerer Kraft.

Zahnräder einer alten Uhr

Ebenfalls mit Kraft haben andere Räder zu tun, die auch schon früh in der Menschheitsgeschichte eine wichtige Rolle spielten. Um 260 vor Christus gab es in **Byzanz,** dem heutigen Istanbul, **Wasserräder.**

Sie verwandelten die Kraft fließender Gewässer in Drehkraft, um damit Schöpfwerke anzutreiben. Bis zur Erfindung der Dampfmaschine lieferten große Wasserräder die Kraft für Mühlen aller Art: Getreidemühlen, Ölmühlen, Papiermühlen und Eisenwalzwerke.

Ab dem 9. Jahrhundert kamen die Windmühlen hinzu. Die ersten drehten sich in Persien, dem heutigen Iran. Vor allem zwischen dem 15. und dem 19. Jahrhundert waren Windmühlen aus ganz Europa nicht mehr wegzudenken und heute nutzt man Windräder wieder als Antrieb für stromerzeugende Dynamomaschinen.

Zu den großen Rädern der Fahrzeuge und der Mühlen gesellt sich ein Heer von Rädern, die im Inneren von Maschinen und Geräten arbeiten. Was sind die drehenden Teile in einem Dynamo oder einem Elektromotor anderes als Räder? Räderwerke gibt

es aber auch in kleinen und großen Uhren, in Kassetten- und Videorekordern, in Fahrstuhlanlagen oder Seilwinden. Wo immer du hinschaust, überall findest du Räder.

Sonnenuhren und andere Uhren

Wir bauen eine Sonnenuhr

Du brauchst dazu:
Einen Bogen Karton (am besten nimmst du die Rückseite eines Malblocks), einen Zirkel, eine Schere, ein Lineal, ein Geodreieck, einen Kompass, einen Stift und natürlich viel Sonne.

Und so wird's gemacht:
Zeichne mit Hilfe eines Zirkels einen Kreis auf dem Karton vor. Schneide den Kreis mit einer Schere aus. Unterteile dann deinen Kreis mit Hilfe eines Lineals in zwei gleich große Hälften. Nun musst du eine Hälfte deines Kreises in je 12 gleich große *Tortenstücke* teilen.

Ist dein Zifferblatt fertig, musst du es nur noch mit einem Stift beschriften. Du fängst auf der rechten Seite mit 6 Uhr an und hörst auf der linken Seite mit 18 Uhr auf.

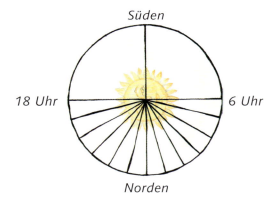

Als Nächstes bohrst du durch die Mitte deines Kreises einen Stift. Er wird dein *Schattenwerfer*, der dir später die Uhrzeit anzeigen soll. Das funktioniert natürlich nur, wenn die Sonne scheint!

Dein aufgespießtes Zifferblatt zeigt natürlich die richtige Sonnenzeit nur dann, wenn es richtig steht. Schneide, damit es überhaupt steht, am Kreis gegenüber der 12 etwas ab und lege das Ganze auf den Tisch. Der Stift muss jetzt nach Norden zeigen (nimm einen Kompass) und zwar genau auf den Polarstern. Den siehst du natürlich am Tag nicht. Versuch also herauszufinden, wo er steht, und richte im Dunklen den Stift ungefähr danach aus.

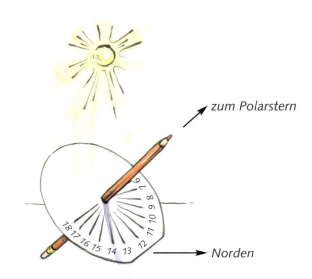

Tipp: Falls du nicht bis heute Nacht warten willst, erkundige dich, auf welchem Breitengrad du wohnst. Um genau so viel Grad (benutze einen Winkelmesser oder ein Geodreieck) sollte dein Stift nach oben zeigen. Dann wird der Stift an der richtigen Stelle des Zifferblatts einen Schatten werfen, und du hast die richtige Sonnenzeit.

Sonnenuhren haben heute keine Bedeutung mehr für die Zeitangabe. Sie dienen zur Verschönerung von Gärten und Häuserfassaden.

Die genauesten Uhren von heute sind die **Atomuhren**. Sie werden durch schwingende Atome (Cäsium-Atome) gesteuert und irren sich alle 5 Millionen Jahre nur um höchstens eine Sekunde! Mit dieser Genauigkeit „ticken" in der *Physikalisch-Technischen Bundesanstalt (PTB)* in Braunschweig mehrere Atomuhren. Nach ihnen richten sich alle öffentlichen Uhren z.B. in Bahnhöfen, Flughäfen, Rundfunk- und Fernsehanstalten. Aber auch jeder Privathaushalt kann von den genauen Atomuhren profitieren:

Funkuhren empfangen die Funksignale, die regelmäßig von der PTB in Braunschweig ausgesandt werden und steuern damit ihr elektrisches Uhrwerk. Solche Uhren sind gar nicht so teuer.
Jedes Frühjahr, am letzten Sonntag im März, werden alle Uhren um eine Stunde vorgestellt auf die **Sommerzeit**. Das heißt, nachts um 2 Uhr springt der kleine Zeiger gleich auf 3 Uhr.

Im Herbst, in der Nacht zum letzten Sonntag im Oktober, werden die Uhren dann wieder zurückgestellt auf die **Winterzeit**. Nachts um 3 Uhr springt der kleine Zeiger also zurück auf 2 Uhr.

Mit einer *Funkuhr* geschieht diese **Zeitumstellung** automatisch. Die anderen Uhren müssen wir per Hand umstellen. Der Nutzen der Zeitumstellung ist heute umstritten. Viele Menschen (und auch die Tiere!) brauchen einige Tage, bis sich ihr Körper auf die neue Zeit umgestellt hat.

Knobelaufgabe:
Wie viele Stunden schläfst du in der Nacht der Umstellung auf die Winterzeit (z.B. 26. / 27. Oktober 2002), wenn du am Samstag um 22 Uhr ins Bett gehst und am Sonntag um 8 Uhr aufstehst?

Wie viele Stunden würdest du in der Nacht der Umstellung auf die Sommerzeit (z.B. 29. / 30. März 2003) schlafen, wenn du wieder zur gleichen Zeit ins Bett gehst und aufstehst?

Die Lösungen findest du auf Seite 64.

Zum Sehen brauchen wir Licht

Hast du schon einmal ein **Glühwürmchen** gesehen? An warmen Sommerabenden fliegen winzige grüne Lichter in der Dämmerung herum. Fängst du eins, dann erkennst du, dass es ein kleiner Käfer ist. Er kann sein Licht aus- und einschalten. Ohne Licht könnten die Glühwürmchen sich im Dunkel der Nacht nicht finden.

Uns Menschen geht es wie den Glühwürmchen: Zum Sehen brauchen wir **Licht.** Aber wir haben keine Laterne in unserem Körper. Zum Sehen brauchen wir das Licht der Sonne oder das Licht von Laternen, von Glühlampen, von Kerzen, Fackeln oder einem Feuer. Alle diese Lichtquellen erzeugen ihr Licht durch große Hitze. Sie sind mehr als 1000 Grad heiß.

Die Laterne des Glühwürmchens ist eine *kalte* **Lichtquelle.** So braucht es nur wenig Energie, um Licht zu erzeugen. Denn um Hitze zu erzeugen, braucht man sehr viel Energie. Auch die Energiesparlampe ist eine kalte Lichtquelle. In ihr wird durch elektrischen Strom ein Gas zum Leuchten gebracht.

Manche Dinge, die leuchten, sind gar keine echten Lichtquellen. Der **Mond** zum Beispiel. Er leuchtet zwar in der Nacht. Aber er erzeugt sein Licht nicht selbst. Er bekommt sein Licht von der **Sonne.** Die Stellen, die nicht im Sonnenlicht liegen, sehen wir

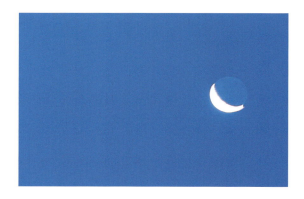

nicht. So ist das mit allen Dingen, die nicht selbst leuchten. Wir sehen sie nur, wenn sie beleuchtet werden. Dann lenken sie das Licht, das auf sie fällt, in alle Richtungen. Auch in unsere Augen. Nur wenn von einem Gegenstand Licht in unsere Augen gelangt, können wir ihn sehen.

Aber schau dir das Foto des Mondes ganz genau an: Auch der dunkle Teil des Mondes ist schwach zu sehen. Wo bekommt dieser Teil sein Licht her? Wenn du auf dem Mond wärst, könntest du die Erde am Himmel sehen, wie einen riesigen hell leuchtenden Mond. Die Erde leuchtet im Sonnenlicht. Dieses Licht, das die Erde von der Sonne bekommen hat, scheint bis zum Mond.

Laser sind ganz besondere Lichtquellen. Ihr Licht ist sehr energiereich

In einer klaren Nacht kannst du das Lichtbündel des **Leuchtturms** nicht sehen. Es scheint an deinen Augen vorbei. Nur bei Nebel kannst du das Lichtbündel deutlich erkennen. Dann zerstreuen die Nebeltröpfchen das Licht in alle Richtungen. Auch in deine Augen.

und ganz scharf gebündelt. Mit starken Lasern kann man sogar schweißen. Oder man kann einen Laser auf den dunklen Teil des Mondes richten. Mit einem starken Fernrohr kann man dann auf dem Mond einen hellen Fleck sehen. Probiere mal mit einer Taschenlampe im Dunkeln, auf welche Entfernung du noch einen hellen Fleck erzeugen kannst.

Gehe mit einer Taschenlampe bei Dunkelheit in den Nebel. Stelle den Reflektor so, dass das Lichtbündel ganz schmal wird. Dann kannst du ein sehr langes Lichtbündel durch die Nacht huschen lassen.

Das Schattentheater

Du brauchst dazu:
Einen alten **Karton** (möglichst groß, aber nicht zu tief); **Pergamentpapier**, das ist Papier, durch das Licht hindurchscheinen kann; Bleistift, Schere, Klebstoff, Klebestreifen.

Und so wird's gemacht:
Schneide ein möglichst großes, rechteckiges Loch in den Boden des Kartons. Lass dabei einen etwa 2 cm großen Rand vom Boden stehen.

Stell den Karton mit dem Loch nach unten auf das Pergamentpapier. Umfahre den Karton mit einem Bleistift und schneide das Pergamentpapier etwa 1 cm *innerhalb* der Bleistiftlinie aus.

Drehe den Karton so, dass du in ihn hineinschaust. Trage etwas Kleber auf den Rand auf und klebe das Pergamentpapier *von innen* vor das Loch.

Wichtig: Zieh das Pergamentpapier gut straff! Das Pergamentpapier hält besser, wenn du es noch zusätzlich mit Klebestreifen am Karton festmachst.

Stell dein Theater vor dich auf den Tisch und leuchte mit einer *Schreibtischlampe* in den Karton hinein. Erreicht das Licht das gesamte Pergamentpapier? Wenn nicht, entferne ein Stück von der Oberseite des Kartons — jetzt ist dein Theater spielbereit!

Wie du die **Spielfiguren** für dein Schattentheater bastelst, erfährst du auf der nächsten Seite.

Tipps für deine Aufführung:
- Beachte, dass du immer *hinter* der Lichtquelle bleibst, sonst sehen die Zuschauer deinen Schatten!

- Halte deine Figuren möglichst nah an das Papier — ihre Umrisse werden dadurch deutlicher.

- Verdunkle den restlichen Raum so gut wie möglich.

- Mache keine zu schnellen Bewegungen mit deinen Figuren — die Zuschauer ermüden sonst rasch!

- Lass im Hintergrund ganz leise Musik laufen. Langsame geheimnisvoll klingende Musik verbreitet besonders viel Stimmung.

- Wähle dir einen Mitspieler aus, der deine Aufführung mit den passenden Geräuschen begleitet.

Übrigens: Du kannst das Pergamentpapier auch farbig anmalen. Das geht gut mit Wachsmalstiften. Das Licht scheint durch die Farben hindurch, und die Zuschauer sehen einen farbigen Hintergrund.

Spielfigur kann eigentlich alles sein, was einen Schatten wirft — auch deine Hände. Probiere es aus! Möchtest du in deinem Theater gern einmal eine **Löwenzahn-Folge** aufführen? Dann brauchst du besondere Spielfiguren: Peter und Paschulke!

Nun musst du noch einen Griff an den Figuren befestigen: Knicke dazu ein etwa 50 cm langes Stück Draht in der Mitte oder nimm zwei Pfeifenputzer. Verdrehe beide Drahtenden fest miteinander bis zum Ende. Biege das letzte Stückchen auseinander und klebe die beiden Enden mit Klebeband auf die weiße Rückseite deiner Darsteller — fertig!

So bastelst du eine Spielfigur:
Male deine Figur direkt mit einem hellen Buntstift auf Karton und schneide sie aus. Willst du die Vorlage benutzen, pause die Figuren auf dünnes weißes Papier und klebe dies auf Karton. Schneide Papier und Pappe gemeinsam aus.

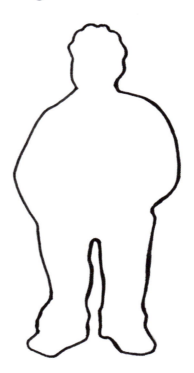

Tipp: Vielleicht hast du einmal einen Luftballon mit Stab bekommen. Wirf den Stab nicht weg! Luftballonstäbe sind ausgezeichnete Griffe für Spielfiguren.

Wie kommt der Schall zum Ohr?

Bastelt euch ein **Schnurtelefon!** Ihr werdet hören: Es funktioniert. Aber warum?

Wenn Lisa in den Plastikbecher spricht, beginnt der Boden vor und zurück zu schwingen. Diese Schwingungen werden durch die Schnur auf den Boden des zweiten Plastikbechers übertragen. Und deshalb hört Klaus aus der Dose Lisas Stimme.

Aber wir brauchen doch keine Schnüre, um uns gegenseitig zu hören! Das liegt daran, dass auch die Luft den Schall übertragen kann. Das kannst du dir so vorstellen:

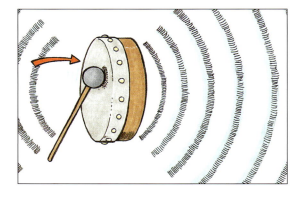

Schlägst du auf die Membran der Trommel, so bewegt sich diese plötzlich ein Stück nach vorn. Die Luft davor wird zusammengepresst (man spricht dann auch von einer Luftverdichtung). Die zusammengepresste Luft will sich aber wieder ausdehnen. Das kennst du von einer Luftpumpe, die du vorn zuhältst und zusammendrückst. Sie dehnt sich also aus und drückt die davor liegende Luftschicht zusammen. Wie bei einer Kette von Dominosteinen, bei denen jeder den nächsten umstößt, laufen die Luftverdichtungen durch die Luft. Bis die Luftverdichtung an deinem Ohr ankommt, auf das Trommelfell drückt und als Trommelschlag zu hören ist.

Ein Lautsprecher erzeugt Töne, weil seine Membran ein paar hundert Mal pro Sekunde hin und her schwingt. Schwingt sie vor, dann breitet sich eine Luftverdichtung aus. Schwingt sie aber im nächsten Moment zurück, dann hat die Luft mehr Platz als zuvor; sie dehnt sich aus und verdünnt sich dabei. Auf die Verdichtung folgt also eine Verdünnung der Luft, auf diese wieder eine Verdichtung und so weiter. Diese Folge von Luftverdichtungen und Luftverdünnungen, die sich in alle Richtungen ausbreiten, nennt man eine **Schallwelle.** Trifft die Schallwelle auf dein Ohr, dann schwingt dein Trommelfell im gleichen Rhythmus wie die Lautsprechermembran: Du hörst den gleichen Ton.

Schallwellen übertragen Energie. So viel, dass diese Sängerin sogar ein Glas *kaputt singen* kann.

Ein einziger Alphornbläser — aber von allen Bergen schallt es zurück — das **Echo.** Der Schall wird von den Bergen zurückgeworfen — und dazu braucht er Zeit: Für einen Kilometer braucht der Schall 3 Sekunden. Kannst du ausrechnen, wie weit ein Berg entfernt ist, wenn du das Echo erst nach 12 Sekunden hörst?

Eine der größten Katastrophen in der Geschichte der Schifffahrt war der Untergang der **Titanic** im Jahr 1912. Dieses Unglück geschah, weil die Titanic gegen einen Eisberg stieß, der unter der Wasseroberfläche war. Kurz darauf wurde das **Echolot** erfunden, um solche Unfälle zu vermeiden. Der Schallgeber sendet Schallwellen aus. Der Schallempfänger fängt kurze Zeit später das von einem Hindernis, z. B. einem Eisberg, zurückgeworfene Echo auf. Aus der Zeit, die vergangen ist, kann man dann die Tiefe des Hindernisses berechnen.

Heute werden Echolote nicht nur verwendet, um die Meerestiefe zu ermitteln oder vor Eisbergen zu warnen. Die Fischer können damit Fischschwärme orten und die Erdölsucher können herausfinden, wo sich unter der Erde Erdöl versteckt.

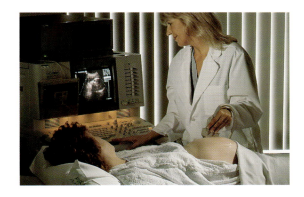

Ärzte können mit einem **Ultraschallgerät**, das wie ein Echolot arbeitet, sogar die ungeborenen Kinder im Mutterleib sehen. Es heißt: Der Arzt macht eine **Sonographie.**

Alphörner

Musikinstrumente

Blockflöte

Blase über die Öffnung einer Flasche: Dann weißt du, wie **Flöten** und **Orgelpfeifen** funktionieren. Die Tonhöhe der Flöte kann man verändern, indem man mit den Fingern mehr oder weniger viele Löcher verschließt.

Wie **Posaunen, Trompeten** und andere **Blechblasinstrumente** funktionieren, kannst du selbst ausprobieren: Nimm ein Stück Schlauch, ungefähr einen Meter lang, und setze vorn einen Trichter darauf. Blase durch die zusammengepressten Lippen in den Schlauch hinein. Verändert sich der Ton, wenn du einen kürzeren oder längeren Schlauch nimmst?

Bei der Posaune kann man die Länge des Rohrs durch das bewegliche Zugrohr verändern.

Klarinette

Fagott

Klarinette, Fagott, Oboe und **Saxophon** sind **Holzblasinstrumente** — wenn auch einige von ihnen heute aus Metall bestehen. Ein dünnes Blatt aus Bambus erzeugt die Töne. Die vielen Hebel und Klappen dienen dazu, die Löcher zu verschließen.

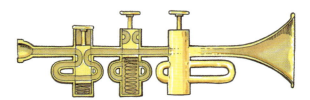
Schnitt durch eine Trompete

Eine Trompete hat drei Ventile, mit denen man das Rohr verlängern kann.

Die **Saiteninstrumente** erzeugen Töne durch schwingende Saiten. Je kürzer und je straffer gespannt die Saite ist, umso heller wird der Ton. Bei **Gitarren** und **Geigen** kann man die Saitenlänge und damit die Tonhöhe verändern, indem man die Saite auf das Griffbrett drückt.

Gitarre

Geigen gibt es in vielen Größen: Die kleinste ist die **Violine,** etwas größer die **Bratsche.** Ein **Cello** ist schon so groß wie du, in einem **Kontrabass** könntest du dich verstecken.

Der Holzkasten ist dazu da, die Töne zu verstärken. Ohne ihn könntest du die Töne nur so leise hören wie wenn du ein gespanntes Gummiband zupfst. Nur die E-Gitarre (Elektrogitarre) braucht keinen solchen Kasten. Bei ihr werden die Töne elektrisch verstärkt.

Klavier

Im Inneren des **Klaviers** sind 76 Saiten gespannt. Drückt man auf eine Taste, dann schlägt ein kleiner Holzhammer auf eine der Saiten.

Geige

Querflöte

Geigen werden meistens nicht gezupft. Der Geiger streicht mit einem **Geigenbogen** über die Saiten. Das ist eine Stange, an der Pferdehaar eingespannt ist. Dass dadurch Töne erzeugt werden, kannst du selbst ausprobieren: Streiche mit einem Stück feuchten Styropors über eine Fensterscheibe.

Lärm und Lärmschutz

In der Disco zu tanzen bringt Spaß. Aber nicht, wenn die Musik so laut ist, dass sie in den Ohren schmerzt.

Dann wird sie zum **Lärm.** Und Lärm kann uns krank machen: Er kann uns beim Schlaf stören, der Blutdruck kann steigen, von Lärm kann man schwerhörig werden.

Lärm ist schädlich. Deshalb müssen wir uns vor ihm schützen. Am besten, er wird gleich da verschluckt, wo er entsteht. Zum Beispiel im Motor von Autos oder Motorrädern. Zwischen Motor und Auspuff ist ein Topf, der **Schalldämpfer.** Er ist mit Steinwolle gefüllt und macht das Motorengeräusch viel leiser.

Sind diese Motorräder lauter als die Polizei erlaubt? Um diese Frage zu beantworten, muss man die **Lautstärke** messen. Das geschieht mit einem Schallpegelmesser.

Die Lautstärke wird in der Einheit **Dezibel** A (dBA) gemessen. Lärm über 120 dBA schmerzt in den Ohren und schon dauernder Lärm über 85 dBA macht schwerhörig.

Diese Arbeiter wären schnell schwerhörig, wenn sie keine **Gehörschützer** benutzen würden. Ein Presslufthammer erzeugt nämlich ebenso viel Lärm wie hundert Mofas.

Auch diese Mauern schützen vor Lärm. Sie werfen einen Teil der Schallwellen zur Straße zurück.

Musikinstrumente selbst gemacht

Diese exklusiven Musikinstrumente kannst du selbst basteln!

Astgabel-Rassel

Du brauchst dazu:
eine Astgabel, einen Ast, zwei Drähte, Zange, Handbohrer und Säge.

Und so wird's gemacht:
Säge von deinem Ast 10 Scheiben ab. In die Mitte der Scheiben bohrst du mithilfe des Handbohrers ein kleines Loch. Nimm die zwei Drähte und fädele die Scheiben darauf. Sie werden deine Klangscheiben. Nun brauchst du nur noch die Drähte um die Astgabel zu wickeln. Fertig ist deine Astgabel-Rassel!

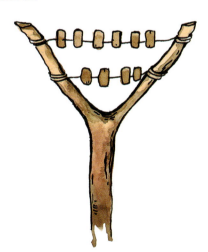

Rasseltrommel

Du brauchst dazu:
eine große leere Dose, Pergamentpapier, Paketklebeband, Malfarben oder Wasserfarben, Zeitungspapier, Tapetenkleister, Reis, Kies, Perlen oder Erbsen (damit die Trommel rasselt).

Und so wird's gemacht:
Fülle in die leere Dose eine Tasse Reis, Kies, Perlen oder Erbsen. Spanne das Pergamentpapier straff über die Öffnung und klebe es mit dem Paketklebeband an die Dose. Zerreiße nun das Zeitungspapier in kleine Stücke und klebe es mit Hilfe des Tapetenkleisters um die Dose.

Achtung: Klebe keine Zeitungsstücke auf das Pergamentpapier, sonst klingt deine Rasseltrommel nachher nicht mehr so schön!

Nachdem das Zeitungspapier getrocknet ist, kannst du es mit Malfarbe oder Wassermalfarben anmalen.

Tipp: Damit deine Rasseltrommel noch besser klingt, kannst du ein paar Glöckchen (gibt es im Bastelladen) um deine Dose binden.

Jetzt brauchst du nur noch rhythmisch mit den Händen auf das Pergamentpapier zu schlagen — und fertig ist deine Rasseltrommel!

Panflöte aus Strohhalmen

Du brauchst dazu:
ca. 10-15 Strohhalme,
eine Schere,
Klebeband

So wird's gemacht:
Schneide deinen ersten Strohhalm auf einer Länge von 7 cm schräg ab. Lass jeden weiteren ungefähr 0,5 cm länger. Nimm einen langen Tesafilmstreifen und lege die Strohhalme nebeneinander darauf.

Achtung: Die Enden, die gerade geschnitten sind, werden das Mundstück. Sie müssen daher auf gleicher Höhe liegen!

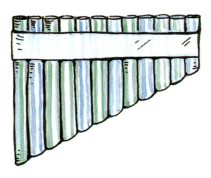

Du kannst selbst entscheiden, wie lang deine Panflöte sein soll. Je mehr Strohhalme du aneinander reihst, desto länger wird sie. Zum Schluss musst du nur noch den Klebestreifen um die Halme wickeln, und schon kann es los gehen! Halte deine Panflöte ganz dicht an die Unterlippe und blase flach darüber. Kannst du einen Ton hören?

Kammblasen

Nimm einen Kamm, knicke ein Pergamentpapier darüber, berühre das Papier mit deinen Lippen und summ los!

Gläserglockenspiel

Du brauchst dazu:
8 Wassergläser (sie sollten alle möglichst gleich groß sein), Wasser, einen Stock oder Bleistift

Und so wird's gemacht:
Stell deine acht Gläser in einer Reihe auf. Füll das erste Glas mit Wasser. In das nächste Glas füllst du etwas weniger, in das dritte noch ein bisschen weniger und so weiter.

Nimm einen Stock oder Bleistift als Klöppel und klopfe nacheinander an den Rand der Gläser. Du hörst Töne wie bei einem Glockenspiel. Jetzt kannst du dein Instrument noch stimmen, indem du jeweils ein bisschen Wasser hinzugibst oder ausgießt.

Tipp: Am besten geht das Stimmen der Tonleiter mit Hilfe einer Blockflöte: Ein Freund oder eine Freundin bläst das „c" auf der c-Flöte, und du stimmst mit mehr oder weniger Wasser das erste Glas. Dann stimm das zweite Glas auf „d" und so weiter. Beschrifte deine Gläser mit c, d, e, f, g, a, h, c. Jetzt kannst du auf deinem Gläserglockenspiel musizieren!

Tipp: Probiere mal folgende Noten: ge ge dcdc / ddef d eefg e / ge ge dcdc. Wenn deine Tonleiter stimmt, hast du gerade die Melodie von „Kuckuck, Kuckuck, ruft's aus dem Wald" gespielt!

Blumentopf-Glocke

Du brauchst:
einen Blumentopf aus Ton, eine Kordel, zwei dicke Holzperlen

Und so wird's gemacht:
Nimm eine Kordel, die 30 cm länger als der Topf hoch ist. Mach einen dicken Knoten in die Mitte der Kordel. Zieh die Kordel durch das Loch im Boden bis zum Knoten.
Eine in die Kordel eingefädelte Holzkugel dient als Klöppel. Achte darauf, dass sich dein Klöppel innerhalb des Blumentopfes befindet! Sonst bekommst du keinen Glockenklang.

An das andere Ende der Kordel kommt eine weitere Holzperle. An dieser Perle kannst du die Kordel festhalten. Du kannst den Blumentopf dann noch bunt bemalen.

Tipp: Wenn du mehrere verschieden große Blumentöpfe hast, kannst du ein Tontopf-Glockenspiel basteln: Befestige einen Besenstiel auf zwei Stuhllehnen und binde die unterschiedlich großen Tontopfglocken daran. Fertig!

Von der Asche zur Seife

Wie macht man Seife? Man nehme zwei Teile **Öl** und elf Teile **Pottasche** und verkoche beides miteinander. Fertig ist die Seife. Olivenöl geht genauso gut wie Rinderfett.

Und so entsteht Pottasche: Die Asche von verbranntem Holz wird mit Wasser gerührt oder „ausgelaugt". Das Wasser gießt man dann in einen Pott, wo es verdunstet. Übrig bleibt ein weißes Pulver, die Pottasche. Statt Pottasche kann man auch **Soda** nehmen. Soda entsteht aus der Asche von Meeresalgen.

Seife aus tierischen Ölen und Fetten und der Asche von Laubbäumen nennt man **Schmierseife.** Seife aus Pflanzenöl und Soda heißt **Kernseife.**

Noch unsere Urgroßeltern nahmen auch zum Waschen ihrer Kleidung nur Seife. Schon im 15. Jahrhundert hat man in südlichen Ländern den Kernseifen Parfüm zugefügt und daraus **Feinseife** gemacht. Handwerker, die Seife herstellten, hießen **Seifensieder.**

Anfang des 18. Jahrhunderts wurde das Seifemachen viel billiger. Denn damals hat ein Chemiker entdeckt, wie sich Soda einfach und in großen Mengen künstlich herstellen lässt, ohne vorher mühsam Meeresalgen zu sammeln, zu trocknen und zu verbrennen. Seifensieder nahmen jetzt also die billige Industriesoda.

Kernseife

1903 erfanden zwei deutsche Chemiker das **Seifenpulver.** Sie sprühten heiße, flüssige Seife unter Druck in einen Turm. Die flüssigen Tröpfchen fielen heraus und wurden zu festen Seifenkörnchen. Das Waschpulver **Persil** war erfunden.

Seife zerstört die Wasserhaut

Du glaubst nicht, dass Wasser eine *Haut* hat? Dann mache doch mal folgenden Versuch!

Du brauchst dazu:
Löschpapier, eine Büroklammer und natürlich Wasser

Und so wird's gemacht:
Fülle das Waschbecken voll Wasser und lege ein Stückchen Löschpapier auf die Wasseroberfläche. Lege auf das Löschpapier eine Büroklammer und warte ab, was passiert:

Das Löschpapier saugt sich voll Wasser und sinkt nach unten, aber die Büroklammer schwimmt! Die Wasserhaut trägt die Büroklammer, obwohl sie aus Eisen ist. Das kann das Wasser nur, weil es eine „Haut" hat.

Warum hat Wasser eine Haut?
Wasser besteht aus vielen kleinen Teilchen, die sich gegenseitig anziehen. Auch an der Oberfläche ziehen die inneren Teilchen an den äußeren — sie ist deshalb wie eine Haut gespannt. Diese „Haut" hält auch einen *Wassertropfen* annähernd kugelrund. Jetzt gib etwas Seife zu der Büroklammer ins Wasser. Was passiert? Die Büroklammer sinkt. Die Seife zerstört die Wasserhaut! Man sagt auch: *Seife entspannt das Wasser*.

Das Spiel mit dem Wasserberg

Ein spannendes Wettspiel für dich und deine Freunde!

Du brauchst dazu:
ein Glas, Wasser und Centstücke.

Und so wird gespielt:
Fülle das Glas randvoll mit Wasser. Verteile die Centstücke an die Mitspieler. Einer nach dem anderen lässt nun vorsichtig eine Münze ins Wasser gleiten. Das Wasser steigt und es bildet sich ein kleiner Wasserberg. Mit jedem Cent wird es spannender: Wann läuft das Glas über? Gewinner ist, wer als letzter seine Münze versenkt, ohne dass das Glas dabei überläuft.

Händewaschen – mit oder ohne Seife?

Seife ist zum Waschen da. Aber was macht die Seife eigentlich? Mit diesen Versuchen kannst du es selbst herausfinden.

Du brauchst dazu:
ein Glas, Wasser, Öl, Spülmittel (auch Spülmittel ist eine Art Seife) und einen Löffel zum Umrühren.

1. Versuch:
Gib etwas Öl in dein Glas und gieße ein wenig Wasser dazu. Rühre das Ganze um und warte eine Weile ab. Was passiert?

Das Wasser ist unten, das Öl ist oben. Die beiden Flüssigkeiten mischen sich nicht.

Selbst nach dem Umrühren trennen sich Wasser und Öl wieder.

Warum?
Wasser und Öl sind sehr unterschiedliche Stoffe. Wasser mag kein Öl und Öl mag kein Wasser – die beiden Flüssigkeiten können sich nicht mischen.

2. Versuch:
Nimm das Glas mit dem Wasser und dem Öl darin und gib etwas **Spülmittel** dazu. Dann rühre um. Was passiert? Das Ganze wird trübe und bleibt so. Die Seife (Spülmittel) bringt also das Wasser dazu, sich mit dem Öl zu mischen!

Das Geheimnis der Seife
Seife besteht aus vielen kleinen Teilchen (Molekülen). Jedes Seifenmolekül hat ein Fett liebendes Ende und ein Wasser liebendes Ende. Das Fett liebende Ende verbindet sich mit dem Fett, das Wasser liebende Ende verbindet sich mit dem Wasser. Die Seifenmoleküle klemmen sich daher zwischen Wasser und Öl und verbinden beides.

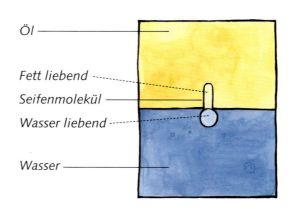

Warum ist die Mischung aus Wasser, Öl und Seife trüb?

Beim Mischen bilden sich winzig kleine Tröpfchen aus Wasser und Öl. Durch diese Minitröpfchen fällt das Licht nicht mehr gerade hindurch, es wird in alle Richtungen gestreut. Deshalb sieht die Mischung trüb aus.

Fettige, ölige Hände. Was nun?

Bei fettverschmierten Händen ist Händewaschen mit Wasser allein sinnlos. Du brauchst Wasser *und* Seife.

Die Seifenmoleküle verbinden den Fett-/Ölschmutz mit dem Waschwasser. Die Seife sorgt dafür, dass die Schmutzteilchen im Wasser schweben und weggespült werden können. Der Dreck landet dort, wo er hingehört — im Ausguss.

Doch noch etwas ist wichtig: Du musst die Hände beim Waschen aneinander reiben. Denn nur durch **Händereiben** löst sich der Dreck von der Haut!

Seife als Düsentreibstoff

Du brauchst dazu:
Seife, ein oder mehrere Streichhölzer und ein Messer.

Und so wird's gemacht:
Nimm ein Streichholz, lasse dir das hintere Ende von einem Erwachsenen vorsichtig mit dem Messer spalten und klemme ein Stückchen Seife hinein. Lege das Streichholz auf das Wasser, und schon zischt dein Düsenboot ab.

Warum? Die Seife drängt die Wasserteilchen auseinander und schiebt das Streichholz nach vorn wie eine Rakete.

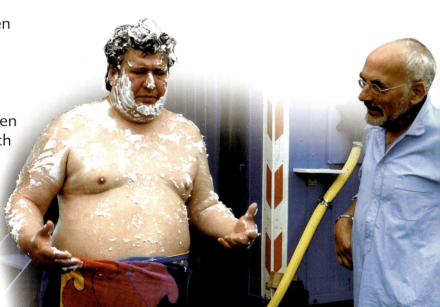

Vom Erdöl zur Kunststoffflasche

Viele Naturstoffe bauen sich aus lauter gleichen kleinsten Teilchen auf: aus **Atomen.** Wir nennen diese Stoffe chemische **Elemente.** Zu ihnen gehören der **Sauerstoff,** der **Kohlenstoff** und alle **Metalle.**

Es gibt aber auch Stoffe, die sich nicht aus Atomen, sondern aus **Molekülen** zusammensetzen. Das sind die chemischen Verbindungen. Jedes ihrer kleinsten Teilchen, also jedes Molekül, besteht aus verschiedenen Atomen. Die Chemiker zeichnen Moleküle manchmal so, als ob die Atome ein paar winzige Ärmchen hätten, mit denen sie sich aneinander festhalten.

Die Moleküle können sehr kompliziert aufgebaut sein und aus Dutzenden verschiedener Atome bestehen, die sich gegenseitig festhalten. Aber natürliche Moleküle werden nicht beliebig groß. Solche mit ein paar Dutzend Atomen sind schon äußerst selten.

Hier liegt der große Unterschied zwischen Naturstoffen und **Kunststoffen.** Der Mensch hat es fertiggebracht, Stoffe aus Riesenmolekülen herzustellen, die aus Hunderttausenden einzelner Atome bestehen. Stell dir einmal Atome als Kinder vor und nimm an, einige Tausend Kinder halten sich so an den Händen, dass sie eine lange Kette bilden.

Nun stell dir vor, viele solche Kinderketten stehen nebeneinander, und zwischen den Ketten gibt es überall einzelne Kinder, die sich mit einer Hand an der einen, mit der anderen Hand an der benachbarten Kette festhalten. Dann entsteht aus den einzelnen Ketten ein festes Netz. So aufgebaute Riesenmoleküle nennt man polymerisierte Moleküle. *Polymerisiert* heißt vernetzt. Stoffe, die aus ihnen aufgebaut sind, nennt man **Polymere.** Polymere sind Kunststoffe.

Da Kunststoffe aus vernetzten Riesenmolekülen bestehen, braucht man für ihre Herstellung nur geeignete natürliche Stoffe zu nehmen und mit chemischen Tricks dafür zu sorgen, dass sich ihre Moleküle miteinander vernetzen. Heute verwendet die Kunststoffindustrie als Ausgangsstoff fast ausschließlich **Erdöl.**

50

Von der Tierhaut zum Schuh

Vor 15 000 Jahren begannen die Menschen, Kleider anzuziehen. Sie stellten sie aus Tierfellen her. Sie schabten das Fleisch ab und konservierten die Felle durch Trocknen oder Einsalzen. Danach war das **Leder** noch hart. Um es weich und geschmeidig zu machen, schabten sie die Haare ab und rieben es mit Fett oder Öl ein.

Vor 5 000 Jahren war die Lederbekleidung schon raffinierter, denn die Menschen hatten gelernt, durch **Gerben** haltbareres und weicheres Leder herzustellen.

Zum Gerben weichte man die Haut nach dem Abschaben der Haare in Wasser ein, in dem man zuvor die Rinden und Wurzeln bestimmter Bäume gekocht hatte, oder man legte sie in eine Alaunlösung. **Alaun** ist ein weißes Salz, das eine zusammenziehende Wirkung hat.

Lange hat sich an den Jahrtausende alten Herstellungsmethoden kaum etwas geändert. Erst im Jahre 1858 erfand ein deutscher Ledergerber die **Chromgerbung.** Manche Chromsalze erwiesen sich als ideale Ledergerbemittel.

Etwa zur gleichen Zeit erfand man auch ein neues Arbeitsverfahren. Hatte man bisher das Leder in ausgemauerten Gruben gegerbt, die mit der **Gerberlohe** gefüllt waren, so verwendete man jetzt Fässer zum Gerben. Diese Fässer drehten sich. Das war der erste Schritt zur Lederfabrik. Heute werden die Leder von Maschinen erst einmal auf gleichmäßige Dicke gefräst. Danach färbt man sie ein. Weitere Fertigungsschritte schließen sich an: Trocknen, Dehnen, Bügeln, Pressen, Spalten. Dadurch wird das Leder je nach Wunsch fester, griffiger, biegsamer oder dehnbarer.

Die Schuhfabrik ist dann eigentlich nur noch ein Montagebetrieb. Aber auch der ist heute hoch technisiert und automatisiert. Hier arbeiten Maschinen, die alle Lederstücke zuschneiden und zusammennähen.

Lederfärben in Marokko

Peters Schuhquiz

Bei diesem Quiz dreht sich alles um die Füße!

1. Frage
Womit machten die Urmenschen das Leder zur Schuhherstellung weich?

- **S** Mit Fett
- **K** Mit Wasser
- **R** Mit Salz

2. Frage
Wozu benutzt ein Schuhmacher Leisten?

- **L** Als Längenmaß
- **M** Als Klebstoff
- **P** Als Fußmodell

3. Frage
Wie heißt die älteste Schuhart?

- **U** Stiefel
- **I** Schnabelschuh
- **O** Sandale

4. Frage
In welchem Märchen spielt ein verlorener Schuh eine große Rolle?

- **W** Schneewittchen
- **R** Aschenputtel
- **N** Froschkönig

5. Frage
Wozu haben viele Schuhe Schnürsenkel?

- **T** Damit der Schuh fest sitzt
- **F** Zur Verzierung
- **G** Weil dem Schuster das Leder ausgegangen ist

6. Frage
Welche Schuhgröße hatte der größte Mann der Welt?

- **B** 50
- **S** 73
- **K** 91

7. Frage
Was ist die Sohle eines Schuhs?

- **C** Das Bodenteil
- **W** Die Schuhspitze
- **N** Der Absatz

8. Frage
Wie lang ist der Fuß einer Person mit Schuhgröße 36?

- **B** 15,5 cm
- **K** 9,1 cm
- **H** 22,7 cm

9. Frage
Wie lange dauerte eine Schusterlehre im Mittelalter?

- **O** 1 Jahr
- **U** 7 Jahre
- **I** 10 Jahre

10. Frage
Was sind Clogs?

- **H** Holzpantoffeln
- **R** Ledersandalen
- **M** Gummistiefel

11. Frage
Seit wann unterscheidet man rechten und linken Schuh?

- **E** Seit 1100
- **M** Seit 1900
- **N** Seit 1970

Trage die Buchstaben neben den richtigen Antworten unten in die Kästchen ein. Das **Lösungswort** haben viele Kinder am liebsten an den Füßen.

Lösungswort:

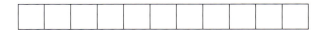

Die Lösung findest du auf Seite 64.

Tonhäuschen

Du brauchst:
selbsthärtenden Ton, Wasserfarben, eine Gabel, ein spitzes Messer.

Und so geht's:
Knete die Modelliermasse gut durch. Für die Wände deines Häuschens brauchst du ungefähr zwei Drittel der Packung.

Knete die Modelliermasse zu einer Kugel und drücke sie etwas platt. Mit dem Daumen drückst du in die Mitte ein Loch und formst daraus langsam einen Ring.

Den Ring modellierst du mit Daumen und Zeigefinger so, dass vier Ecken und Wände entstehen, die etwa 5 cm hoch und 1 cm breit sind. Mit einem spitzen Messer schneidest du nun möglichst viele Fenster und eine Tür heraus. Die Reste der Fenster hebst du für den Schornstein auf.

Jetzt geht's aber erst mit dem Dach weiter. Dafür nimmst du das übriggebliebene Drittel des Tons. Schneide aus der Mitte des Dachs eine Öffnung für deinen Schornstein heraus und forme ihn in der passenden Größe. Dies funktioniert nach derselben Anleitung wie bei deinen Wänden: Einfach wieder einen Ring formen und vier Ecken herausdrücken. Platziere ihn vorsichtig auf deinem Dach und streiche alle Nahtstellen schön glatt.

Übrigens: Eine tolle Dachstruktur bekommst du, wenn du mit einer Gabel vorsichtig Muster in das Dach ritzt.

Jetzt brauchst du nur noch das Dach auf die Wände zu setzen und es gut mit dem Ton der Wände zu verbinden. Ist dein Haus nach spätestens drei Tagen trocken, kannst du es mit Wasserfarben in deinen Lieblingsfarben bemalen.

Vom Ton zum Mauerstein

Schon vor 8 000 Jahren stellte man in der Stadt Jericho **Backsteine** aus luftgetrocknetem **Lehm** her. 5 000 Jahre später kamen die Ägypter darauf, dass diese Backsteine haltbarer werden, wenn man gehäckseltes Stroh hineinknetet. Sie fanden außerdem heraus, dass die Backsteine fester werden, wenn man sie nach dem Trocknen noch im Feuer erhitzt. Das war der erste Schritt zum gebrannten **Ziegelstein.**

Zuerst legte man die Steine einfach ins Holzfeuer, das nur 600 Grad heiß wird. Heute benutzt man dazu Brennöfen mit Temperaturen um 1 100 Grad.

In manchen Gegenden wurden Lehmhäuser aus einzelnen Backsteinen errichtet, die mit Lehmbrei verklebt wurden. Außen klatschte man als Verputz noch eine Schicht feuchten Lehm darauf.

Anderswo baute man ganz aus Lehm. Dazu errichtete man erst Holzformen für die Außenmauern und die Innenwände. In diese Formen wurde feuchter Lehm mit Strohhäckseln gestampft. Wenn er getrocknet war, nahm man die Holzverschalung ab.

Wie fest Ziegelsteine werden, hängt davon ab, bei welcher Temperatur man sie brennt. Die normalen roten Backsteine werden genau so gebrannt wie Blumentöpfe oder Tonkrüge, nämlich bei etwas über 1 000 Grad.

Brennt man die Ziegel bei Temperaturen bis 1 400 Grad, dann schmilzt ihr Material teilweise an. Beim Abkühlen verbackt es fest. Das nennt man **Sintern,** und die gesinterten Ziegel heißen **Klinker.** Klinker verwendet man zum Hausbau und dort, wo Ziegel wasserdicht sein sollen, für Dachpfannen oder Abwasserrohre.

Ebenfalls bei hohen Temperaturen gebrannt wird das **Steinzeug.** Steinzeug macht man aus Kaolin, auch Porzellanerde genannt. Aus Steinzeug werden vor allem Fußboden- und Wandfliesen hergestellt. Brennt man Kaolin bei Temperaturen von 1 400 Grad und mehr, dann entsteht **Porzellan.**

Häuser

Die ältesten bekannten **Häuser** bauten Menschen in Jericho vor rund 9 000 Jahren. Vor etwa 6 000 Jahren bauten die Ägypter aus ungebrannten Lehmziegeln viel größere Häuser mit Flachdächern. Zur selben Zeit errichteten Steinzeitmenschen in Nordeuropa erste einfache Steinhäuser mit niedrigen Zimmern.

Vor über 2 500 Jahren bauten die Griechen bereits mehrgeschossige Häuser. Bis zu vier Stockwerke hatten sie, Balkons zur Straße hin und überdachte Galerien rund um den Innenhof. Bald entstanden für die Reichen palastähnliche große Häuser mit bis zu 12 Meter hohen Fassaden und einer Wohnfläche bis zu 1 000 Quadratmetern.

In Rom wurden erst ab dem Jahr 300 vor Christus die Häuser aus Steinen gebaut. Bald entstanden über 20 Meter hohe Mietskasernen mit bis zu sieben Stockwerken. 47 000 gab es davon im alten Rom! Hier wohnten die einfachen Leute. Daneben gab es etwa 1 800 Bürgerhäuser für die Reichen.

Große Fortschritte machte das Häuserbauen erst im 20. Jahrhundert mit zwei Erfindungen. Eine war der **Stahlbeton,** bei dem Eisenstäbe oder Eisengittermatten im Beton eingebettet werden. Die Stahlbetonbauten sind leichter als gemauerte Steinhäuser, denn ihre Wände und Decken lassen sich bei größerer Festigkeit viel dünner herstellen. **Spannbeton** entsteht, wenn die Stahleinlagen vor dem Erhärten des Betons gedehnt (gespannt) werden. Damit können auch große Räume flach überdacht werden, ohne dass man Säulen als Stützen benötigt. Aus Spannbeton entstanden auch die ersten **Wolkenkratzer.**

Die zweite Erfindung ist der **Stahlskelettbau** für die modernen **Hochhäuser.** Er verzichtet fast völlig auf Stein oder Beton für die Wände. In die stählernen Gittergerüste sind direkt die riesigen Fensterscheiben eingelassen. Nur die Decken zwischen den Stockwerken bestehen noch aus Spannbeton.

Wie ein Haus gebaut wird

Wer ein Haus bauen will, braucht zuerst einen **Bauplatz.** Überall kann man nicht bauen. Der Untergrund muss tragfähig sein. Das **Grundstück** muss **erschlossen** sein, es muss eine Straße dorthin geben und Anschlüsse für Wasser und Strom.

Zuerst zeichnet der **Architekt** den **Bauplan.** Der **Bauingenieur** berechnet die Maße und Materialien, damit das Haus stabil wird. Sind die Pläne fertig, dann wird mit ihnen im Bauamt eine **Baugenehmigung** beantragt. Erst wenn die erteilt ist, dürfen die Bauarbeiten beginnen.

Ein Bagger hebt die **Baugrube** aus. Wo die Außenmauern oder dicke Innenwände stehen sollen, zieht man Gräben. Die werden mit Beton ausgegossen, in den dicke Eisenstäbe eingelegt sind. Das ist das **Fundament,** auf dem das Haus stehen wird.

Innerhalb des Fundaments wird nun der Kellerboden mit einer dicken Betonschicht gegossen. Um die Bodenfeuchte abzuhalten, kommt auf die Fundamente eine Schicht Bitumenpappe. Jetzt können darauf die ersten Wände gemauert werden, erst die Außenwand, dann die inneren.

Sind die Kellerwände hoch genug, folgt die Kellerdecke: Stahlträger liegen in Abständen über dem abzudeckenden Raum. Darunter kommt dann eine **Verschalung** mit Holzbrettern, in die dann der flüssige Beton gegossen wird. Auf die feste Kellerdecke kommt Dämmmaterial, über das dann noch eine dünne Betonschicht, der **Estrich,** gegossen wird.

Ebenso entstehen auch die einzelnen Stockwerke. Auf die oberste Zimmerdecke folgt der **Dachstuhl.** Ihn stellt der **Zimmermann** aus dicken Holzbalken, den **Sparren,** her. Ist der Dachstuhl fertig, wird **Richtfest** gefeiert. Dann wird das Dach gedeckt. Dazu nagelt der Zimmermann dünne **Dachlatten,** auf die Sparren. Auf diese Latten werden die **Dachziegel** gelegt.

Zuletzt werden Strom- und Wasserleitungen in den Wänden verlegt. Alle Wände müssen innen und außen verputzt werden. Türen und Fenster werden eingesetzt, Bodenbeläge verlegt, die Bäder gekachelt und die Wände gestrichen oder tapeziert. Auch eine Heizungsanlage darf nicht fehlen.

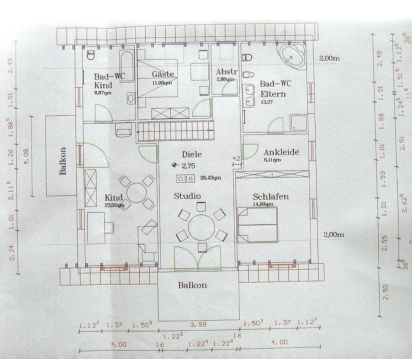

Burgen und Schlösser

Auch als die Menschen bereits mit Gewehren und Kanonen Krieg führten, waren hohe und feste Mauern der beste Schutz vor Feinden.

Kleinere **Befestigungsanlagen,** die ein Dorf oder auch nur Häuser einer Großfamilie schützten, nennt man **Burgen.** Die gibt es schon seit Jahrtausenden. Die ersten gab es in der Vorzeit, die letzten großen Burgen entstanden noch im 17. Jahrhundert. Viele davon sind heute als Ruinen erhalten geblieben, einige wurden in jüngster Zeit wieder in Stand gesetzt.

Entscheidend war, mit wie vielen Soldaten man eine Burganlage verteidigen konnte. Waren sie zahlreich, dann genügten lange, gerade und relativ dünne Mauern oder Holzwände, die eine Burg umgaben. Solche Anlagen waren die römischen **Kastelle.** Das römische Militär verfügte schließlich über größere **Legionen,** wie ihre Truppen hießen. Mussten aber nur wenige Männer eine **Festung** verteidigen, dann baute man kräftigere Mauern und massive Wachttürme.

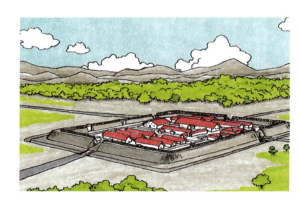

Wie die Burgen aussehen, hängt erst einmal davon ab, wozu sie dienen sollen. Soll die Burg eine reine Zufluchtsstätte vor Feinden sein, oder ist sie ein gesicherter Vorposten für die Eroberung neuer Gebiete? Auch das Baumaterial, das man an Ort und Stelle vorfand, bestimmte das Aussehen der Burg. Wo es viele Steine gab, entstanden oft mächtige Burgmauern. In waldreichen Gebieten baute man eher hölzerne Befestigungen, die aber heute kaum noch erhalten sind.

Als im 14. Jahrhundert die Burgen erstmals mit Kanonen angegriffen wurden, gingen viele der alten Festungen in Trümmer. Es vergingen viele Jahrzehnte, bis man neue, stabilere Burgen baute. Erst im 16. Jahrhundert entstanden dann Burganlagen mit so dicken Mauern, dass sie auch Kanonenangriffen über längere Zeit standhalten konnten.

Außerhalb ihrer Mauern haben viele Burgen oft einen zusätzlichen Schutz, z. B. einen umlaufenden tiefen Burggraben, über den nur eine Zugbrücke führte und der mit Wasser gefüllt war. Oder die Burgen lagen auf hohen, steilen Felskuppen. Mit genügend Vorräten konnte man sich dann im Inneren auf längere Belagerungen einrichten.

Im Gegensatz zu den Burgen dienten **Paläste** und **Schlösser** nicht der Verteidigung. Ihr Zweck war es zu zeigen, wie wichtig ihre Bewohner waren. In Palästen und Schlössern lebten keine Dorfgemeinschaften oder einfache Ritterfamilien, hier wohnten und wohnen noch heute Fürsten, Könige und Kaiser.

Bedeutende Schlösser entstanden in Europa eigentlich erst, als das Mittelalter schon vorbei war. Die Zeit der ersten Schlösser heißt **Renaissance.** Dieses Wort bedeutet Wiedergeburt. Man wollte den prunkvollen Lebensstil der Reichen im alten Griechenland und Rom wieder aufleben lassen. Schon zu Römerzeiten hatte es in den großen Städten Paläste gegeben, in denen die Kaiser und die wichtigsten Militärs wohnten. Ganz ähnliche Paläste baute man in der Renaissance-Zeit vor allem in Italien.

Auch in Frankreich und England begannen Könige und Fürsten in der Renaissance-Zeit bald, riesige Schlösser zu bauen, die sich von den alten Palastanlagen deutlich unterschieden. Manche davon waren unglaublich prunkvoll ausgestattet. Sie hatten Hunderte von Türmchen, Giebeln und Erkern und im Inneren prächtige Treppenhäuser und Säle.

Jeder Fürst und König wollte ein noch prachtvolleres Schloss besitzen als sein Vorgänger oder auch als sein ausländischer Nachbar. Den Höhepunkt erlebte die Prahlerei mit aufwändigen Schlössern im so genannten **Barock**-Zeitalter. Das war ungefähr das 17. und 18. Jahrhundert. In dieser Zeit gehörten zu den Schlossanlagen immer auch ausgedehnte Gärten.

Ausflugstipps

Willst du dich einmal wie ein richtiger Ritter fühlen? Das mittelalterliche Leben auf einer Burg entdecken? Oder wie eine richtige Königin in Prunk und Pracht auf einem riesigen Schloss leben? Das alles kannst du an den hier beschriebenen Ausflugszielen erleben.

Die Meersburg

Die Meersburg wurde im 11. oder 12. Jahrhundert als Schutz- und Wehrburg gebaut. Sie liegt auf einer Anhöhe über dem Bodensee und gab auch der Stadt, die sie umgibt, ihren Namen. Sie ist die älteste Burg Deutschlands. Zwar wurde sie im Laufe der Zeit immer wieder belagert, aber nie zerstört.

Bei einem Rundgang durch die Burg besuchst du 28 Räume, wie die Burgküche, den Rittersaal, den großen Fürstensaal, den Stall, das Burgverlies und die Brunnenstube mit einem 27 m tiefen Brunnen. Auf jeden Fall solltest du dir den Dagobertturm der Burg anschauen. Oder du erkundest die Schatzkammer, die Gefängnisstube und die Folterkammer, die im Turm untergebracht sind.

Öffnungszeiten:
01.03. bis 31.10.:
täglich 9:00 - 18:30 Uhr
01.11. bis 28.02.:
täglich 10:00 - 18:00 Uhr

Die Marksburg

Die Marksburg liegt auf einem Schieferfelsen hoch über dem Ort Braubach am Mittelrhein. Um die Mitte des 12. Jahrhunderts wurde sie gebaut. Sie ist vollständig erhalten und zeigt daher gut das Ritterleben auf einer *typischen* mittelalterlichen Wehrburg.

Das Innere der Burg bildet ein Dreieck mit dem Hauptsaal der Burg im Norden, dem Kapellenturm auf der anderen Felsenseite und dem Bergfried (Hauptturm) im Burghof. Im Laufe der Jahre wurde die Burg immer wieder vergrößert und von stärkeren Verteidigungsmauern umgeben.

Bei einem Rundgang durch die Burg kannst du dir z.B. folgende Räume anschauen: die gotische Burgküche, die Kemenate (das ist ein beheizbarer Wohnraum), den Rittersaal mit Mö-

beln aus dem Jahr 1500, die Schmiede und die schöne Burgkapelle. Es lohnt sich, auch einen Blick in den Kräutergarten zu werfen. Hier findest du 170 verschiedene Pflanzen, die nach den Anleitungen aus einem mittelalterlichen Kräuterbuch angebaut wurden.

Alle zwei Jahre (ungerade Zahlen) zwischen Christi Himmelfahrt und dem darauffolgenden Sonntag findet auf der Marksburg ein großes mittelalterliches Burgfest statt. Auf einem historischen Handwerkermarkt mit Gauklern und Spielleuten kannst du dich wie ein richtiger Burgherr oder ein Burgfräulein fühlen. Es werden spezielle Führungen für Kindergruppen angeboten.

Öffnungszeiten:
Von Ostern bis 31.10.:
10:00 - 17:00 Uhr
vom 01.11. bis Ostern:
11:00 - 16:00 Uhr

Schloss Neuschwanstein

Wie in einem Märchen fühlst du dich, wenn du das Schloss Neuschwanstein siehst. Es liegt auf einem zerklüfteten Felsen und ragt mit seinen vielen Türmen aus dem dunklen Wald heraus. Auf Befehl König Ludwigs II. wurde es ab 1868 gebaut. Nach seinem Wunsch sollte es wie eine alte Ritterburg aussehen. Mit fünf Gebäudeteilen war das Prunkschloss geplant: Torbau, Ritterbau, Königsbau, Kemenate und Bergfried. Bis zum Tod des Königs waren nur die ersten drei Teile fertig.

Der Königsbau besteht aus folgenden Räumen: der Küche, der Königswohnung, dem Thronsaal und einem Sängersaal, der dem König besonders wichtig war. Die Räume sind prunkvoll ausgestattet. Die vielen und kunstvollen Wandmalereien zeigen Bilder zu mittelalterlichen Sagen.

Öffnungszeiten:
01.04. bis 30.09.:
9:00 - 18:00 Uhr
(donnerstags bis 20:00)
01.10. bis 30.03.:
10:00 - 16:00 Uhr

Falls weder die Meersburg, die Marksburg oder das Schloss Neuschwanstein in deiner Nähe sind, schau doch mal auf folgende Internetseite: www.burgenwelt.de.
Dort findest du Beschreibungen von fast 400 Wehranlagen in ganz Deutschland. Sicher ist eine davon auch in deiner Nähe.

Vom Grundwasser zum Wasserhahn

Trinkwasser wird zum Teil aus Flüssen gewonnen. Im Wasserwerk wird es gereinigt und fließt durch ein Wasserleitungsnetz in die Häuser. Im Haushalt wird es zum Trinken, Geschirrspülen oder auch zum Waschen, Baden und Duschen gebraucht. Als **Abwasser** gelangt es dann in die Kläranlage und von dieser in den Fluss zurück. Dann geht es erneut ins Wasserwerk. Der Kreislauf beginnt von vorn.

Unser Trinkwasser kommt zum Großteil aus Seen. **Grundwasser** wird mit Pumpen aus großer Tiefe heraufbefördert. Es ist oft so rein, dass man es direkt trinken könnte. Trotzdem setzt man teilweise auch Grundwasser in den Wasserwerken etwas **Chlor** zu. Dann bleibt es auf dem langen Weg zu den Haushalten bakterienfrei. Wasser aus Flüssen und Seen muss dagegen immer aufbereitet werden, bevor man es trinken kann.

In einem **Wasserwerk** durchfließt das Wasser mehrere Anlagen. Schon bevor es in das Wasserwerk strömt, wird es grob gereinigt. Dann kommt es in einen *Flockungsbehälter*. Hier werden dem Wasser Flockungsmittel beigegeben. Wie Staub in der Luft gibt es auch im Flusswasser feinste Teilchen, die so klein sind, dass sie nicht von selbst zu Boden sinken. Manchmal lassen sie das Wasser richtig trüb erscheinen. Die Flockungsmittel sorgen dafür, dass sie sich miteinander zu größeren Teilchen verklumpen. Die sinken nach unten und bilden am Beckenboden eine Schlammschicht, die abgesaugt und ausfiltriert wird.

Nach dem Flockungsbecken ist das Wasser kristallklar, enthält aber noch Krankheitserreger und gelöste Schadstoffe. Nun kommt es in ein *Begasungsbecken*. Dort wird **Ozon** durch das Wasser geleitet. Ozon ist eine besonders aggressive Art des Sauerstoffs. Es tötet alle Krankheitskeime.

Danach muss das Wasser noch durch verschiedene Filter strömen. Wenn es alle Filter durchlaufen hat, hat es Trinkwasserqualität. Jetzt wird es nur noch gechlort, bevor es in das Rohrleitungssystem fließt, das es zu unseren Häusern bringt.

Diese Quelle wird vom Grundwasser gespeist.

Grundwasser wird im Wasserwerk erfasst.

Der Wasserkreislauf

Heiß brennt die Sonne über den Ozeanen. Wasser verdunstet zu unsichtbarem *Wasserdampf* und steigt auf. Der Wind transportiert diese feuchte Luft oft über weite Strecken bis in kühlere Regionen.

Sie fallen herab als Regen, Schnee oder Hagel, je nachdem wie warm oder kalt es gerade ist.
Ein Teil dieses **Niederschlags** versickert in den Böden und wird zu *Grundwasser.*

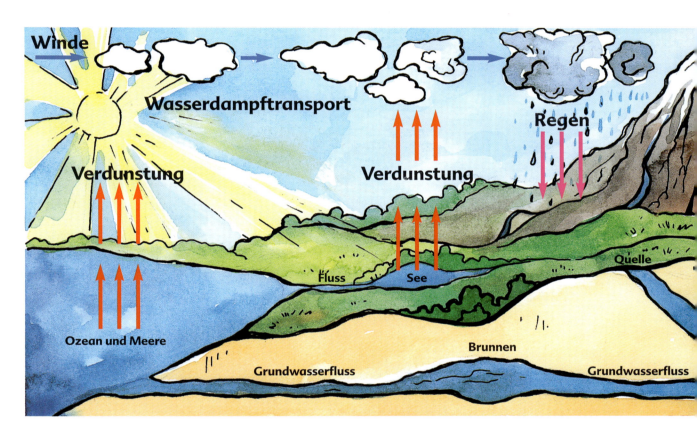

Wenn sie dabei auf kalte Luft stößt, erkaltet der in ihr enthaltene Wasserdampf und wird schließlich wieder zu flüssigem Wasser, zu feinen Wassertröpfchen, die du dann am Himmel als sichtbare **Wolke** siehst.

Kühlen die Wolken weiter ab, werden die Tröpfchen zu groß und zu schwer, um weiter in der Luft zu schweben.

Wenn die Grundwasserseen voll laufen, sprudeln sie als Quellen aus der Erde und fließen als *Bäche* und *Flüsse* zurück ins Meer.

Der andere Teil des Niederschlags sammelt sich gleich in Flüssen und Seen und diese fließen ebenfalls zurück in die Meere — ein unendlicher Kreislauf.

Lösungen

Lösung von Seite 9:
Wolkenkratzer

Lösung von Seite 33:
Umstellung auf Winterzeit:
11 Stunden
Umstellung auf die Sommerzeit:
9 Stunden

Lösung von Seite 53:

S	P	O	R	T	S	C	H	U	H	E
1	2	3	4	5	6	7	8	9	10	11

Bildquellen

T. Angermayer *34-1;* **Burg Meersburg GmbH** *60-1;* **G. Cyffka** *22-1, 29-3, 29-4, 31-1, 31-2, 31-4, 40-1, 40-3, 40-4, 41-1, 41-3, 42-1, 46-1, 55-1, 55-2, 57-1, 59-1, 62-1;* **Das FotoArchiv** Englebert *51-2;* Matzel *24-1;* Matzel *29-2;* Scheibner *41-4;* Tack *42-3;* **Deutsche Burgvereinigung e.V.** G. Wagner *61-1;* **A. Habermehl** *8-1, 8-2, 9-1, 17-1, 17-2, 17-3, 47-1, 47-2, 48-1, 48-2, 49-2, 53-1, 55-1, 55-2, 55-3;* **Mauritius** ACE *18-1;* Age *28-2 ;* Defoy *14-1;* Fichtl *14-2;* Gruber *29-1;* Hubatka *34-2;* Dr.Lorenz *42-2;* Phototake *19-1, 35-1;* Pigneter *39-4;* Pinn *6-1;* Poehlmann *41-2;* **M. Oberdorfer** *7-1;* **F. Paturi** *30-1, 58-1, 10-1, 11-1, 10-2, 15-2;* **PhotoPress** Master *59-2;* Rose *7-2;* **Premium** Bringberg *11-2;* Faltner *50-1;* Images Colour *39-3;* Maywald *14-3;* F. Sauer *15-1;* **Stadtwerke München** *62-2;* **J. Stirnemann** *28-1;* v. Girad *31-3;* **ZDF-Redaktion** *9-2, 12-2, 27-1, 33-1, 43-2, 45-3, 46-2, 49-3, 52-1, 53-3, 60-2*